처음 나이 드는 사람들에게

생의 마지막 순간까지
지적 여생을 위한 탐구를 놓지 않은 저자와
문학과 번역에 대한 열정으로 치열한 삶을 살다 간
김욱 번역가를 기리며.

# 처음 나이 드는 사람들에게

**초판 1쇄 인쇄 2021년 3월 10일**
**1쇄 발행 2021년 3월 20일**

지은이 **와타나베 쇼이치**
옮긴이 **김욱**

펴낸이 **우세웅**
책임편집 **장보연**
기획편집 **김은지 이양이**
콘텐츠기획·홍보 **박서영**
북디자인 **박정호**

종이 **앤페이퍼**
인쇄 **㈜다온피앤피**

펴낸곳 **슬로디미디어그룹**
신고번호 **제25100-2017-000035호**
신고년월일 **2017년 6월 13일**
주소 **서울특별시 마포구 월드컵북로 400, 상암동 서울산업진흥원(문화콘텐츠센터)5층 20호**

전화 **02)493-7780**
팩스 **0303)3442-7780**
전자우편 **slody925@gmail.com(원고투고·사업제휴)**
홈페이지 **slodymedia.modoo.at**
블로그 **slodymedia.xyz**
페이스북.인스타그램 **slodymedia**

ISBN 979-11-88977-70-3 (03190)

※이 도서의 국립중앙도서관 출판예정도서목록(CIP)은 서지정보유통지원시스템 홈페이지(http://seoji.nl.go.kr)와 국가자료공동목록시스템(http://www.nl.go.kr/kolisnet)에서 이용하실 수 있습니다.

※잘못된 책은 구입하신 서점에서 교환해 드립니다.

# 처음 나이 드는 사람들에게

죽는 그 날까지 지적 여생을 보내기 위한 50가지 삶의 태도

와타나베 쇼이치 지음 — 김욱 옮김

슬로디미디어

# 차례

저자의 글

# 지적으로 나이 든다는 것

내가 《지적 생활의 발견知的生活の方法》 이라는 책을 집필했을 때의 일이다. 고도경제성장기였던 당시에는 경제적 발전으로 인해 사회 곳곳에 활력이 넘쳐났다. 시중에는 즉석 라면이 붐을 이루었고, 고속열차에 처음으로 금연칸이 설치되었다. 한편, 미국 군수 업체인 록히드 사가 대형 제트항공기를 판매하기 위해 정부의 고위관리에게 뇌물을 준 '록히드 사건'이 터지면서 정치권이 한바탕 술렁였다. 경제적 호황으로 사회가 급속도로 발전하면서도 한편에서는 정치적 폐단이 기승을 부렸고, 또 한편으로는 고령화 시대로 접어들면서 어두운 미래가 예고되기 시작할 무렵이었다.

그런 시대에 나는 영문학계의 학자로서 어렵사리 자리를 지키고 있던 내가 오랫동안 실천해온 지적 탐구의 자세와 생활을 소개한 것이다. 나는 학부생을 비롯해 학문과 연구에 매진하는 젊은 학자들에게 그 나이에 해야 할 일들과 자각해야 할 개념들이 무엇인지 알려주고 싶었다. 물론 그것은 철저하게 나의 주관적인 기준에 따른 것이었다.

그런데 책이 출간되자 집필 당시 염두에 두었던 젊은 학자들뿐만 아니라 각계각층의 사람들이 나의 이야기에 관심을 보였다. 내가 실천해온 지적 생활이 나와 전혀 다른 세계에 살고 있는 이들에게도 삶의 힌트를 제공했던 모양이다. 젊은 세대뿐만 아니라 노인과 여성 독자들까지 편지와 감상문을 통해 많은 도움이 되었다는 의견을 보내왔다. 경제지 〈포브스〉의 '세계적인 부자 순위'에 포함될 만큼 거부였던 한 독자는 나의 책을 읽고 인생을 살아가는 방법에 대해 다시금 고민하게 되었노라고 고백했다. 또한 육체노동직에 종사하는 건설노동자와 공장직원들로부터도 큰 도움이 되었다거나 실천해보겠다는 편지들을 많이 받았다. 이 책은 출간된 후 30여 년 동안 100만 부 이상 판매되었고, 지금까지도 쇄를 거듭하고 있다. 저자인 나로서는 무척 고마운 일이 아닐 수 없다.

단지 학문의 길을 먼저 걸어온 선배로서 젊은 학자들에게 조언을 해주고 싶다는 마음으로 쓴 책이 더 넓은 세상으로 뻗어나가 많은 사람들에게 영향을 미쳤다는 사실이 한편으로는 뿌듯하고 다른 한편으로는 놀라웠다.

30여 년이 지난 지금, 나는 다시 이 책을 펴내게 되었다. '10년이면 강산도 바뀐다.'는 말이 있듯이 우리의 일상은 사소한 부분까지 크게 달라졌다. 이런 시점에 내가 다시 사람들 앞에 나의 경험과 일상의 모습을 드러내는 까닭은 이 책을 접하는 이들의 인생 후반에 조금이나마 도움이 되기를 바라는 마음에서다.

인터넷과 휴대전화 등 정보통신이 나날이 발전하면서 문명의 이기利器는 엄청난 속도로 진화하고 있다. 하지만 인간의 생각이나 삶의 본질은 그다지 많이 변하지 않았다. 지적 생활에 대한 인간의 근원적인 욕구도 크게 달라지지 않았다. 지적 욕구는 인간만이 가진, 가장 인간다운 특징이기 때문이다. 또한 현대사회는 그 어느 때보다 지적 욕구를 강하게 요구하는 시대다.

평균수명이 늘어난 현대인에게 은퇴 이후의 삶은 또 하나의 과제이자 기회가 되고 있다. 길어진 여생을 풍요롭게 살 수 있다면 은퇴가 그다지 두렵지 않을 것이다. 은퇴 이후의 삶에 대한 생각과 가치관을 조금만 새롭게 바꾼다면, 지적인 활동을 해나가며 만족스러운 여생을 누릴 수 있다. 이제 여든 살에 접어든 내가 여생을 살아오면서 마주쳤던 수많은 고민과 해답들이 독자들에게 조금이나마 도움이 되기를 바란다.

이 책은 학자로서 살아온 나의 직접적인 경험과 사고방식을 바탕으로 하고 있지만, 학계 종사자뿐만 아니라 내가 미처 알지 못하는 다양한 분야의 독자들에게까지 널리 읽혔으면 좋겠다. 그 때와 같은 행운이 다시금 반복된다면 무척이나 기쁠 것이다.

와타나베 쇼이치

01

# 세월의 흔적은 거스를 수 없다

과거는 흘러갔으니 잊어버려라.
미래에 희망이 담겨 있으니 그것을 잡아라.

— 찰스 R.스윈돌 Charles R. Swindoll —

가깝게 지내던 학자 한 분이 얼마 전에 세상을 떠났다. 20년이 넘는 세월 동안 매년 십여 차례씩 학술연구회에서 만나던 분이었다. 안타까운 마음으로 그의 추모회에 참석했을 때였다. 점잖은 노인 한 분이 추모식장으로 들어섰다. 여든이 된 나보다도 훨씬 더 나이가 많아 보이는 그는 지팡이에 의지해 다가오더니 바로 내 옆자리에 앉았다. 그러고는 고인과의 추억을 풀어놓기 시작했다. 어쩐지 낯이 익어 옆에 있던 친구에게 슬쩍 물어보았다.

"저 분이 누구시지?"

그러자 친구는 나를 이상하다는 듯이 쳐다보며 말했다.

"A씨잖아!"

그의 말을 듣고 나는 놀라지 않을 수 없었다. 상당히 오래 전 일이기는 하지만, A씨와 나는 보름 넘게 유럽을 함께 여행한 적이 있었다. 심지어 그를 우리 집에 초대해 저녁식사를 대접한 적도 있었다. 그런데 그런 A씨를 몰라봤다는 것이 내게는 적잖은 충격이었다. '나도 이제 슬슬 머리가 굳어지기 시작하는 걸까?' 하는 생각에 잠시 침울해졌다.

A씨는 한 지방대학 학장으로 취임하면서 도쿄를 떠났는데, 못 본 사이 노신사가 되어 나타났다. 내가 기억하는 A씨는 재기발랄한 학자였다. 그랬던 그가 몇 해 만에 수십 년은 더 늙어 보이는 모습으로 나타난 것이다. 나이가 들면서 외모가 변하는 것은 어쩔 수 없는 자연의 섭리라지만, A씨처럼 극적으로 변하는 사람들이 간혹 있다.

그즈음 중학교 동창회가 있었다. 작은 시골마을 출신의 동창생들이 졸업한 후에 고향을 떠나 서로 연락이 뜸하다가 오랜 세월이 지난 후 도시에서 다시 모이게 된 것이다. 우리 세대에는 남녀공학이 아니었기 때문에 동창회라고 해도 그저 할아버지들의 모임이 되게 마련이다. 모인 인원은 고작 30명 남짓. 졸업 당시의 정원 170여 명 중에 이미 유명幽明을 달리한 이들이 약 50명, 소식조차 알 수 없는 이들이 약 50명, 몸이 아파 거동이 불편하거나 형편상 참석하지 못하게 된 이들이 30여 명, 그렇다 보니 실제로 참석한 이들은 30명이 조금 넘을 뿐이었다. 그래도 그만하면 많이 모였다는 생각이 들었다. 팔순의 노인들이 아닌가.

동창회에 참석한 이들 중 초등학교 입학 때부터 같은 반이던 친구 두 명이 있었다. 많이 늙었지만 반세기가 지난 지금도 그들을 한눈에 알아볼 수 있었다. 반면 도저히 누구인지 알아볼 수 없는 친구들도 몇 명 있었다. 이름은 분명 기억이 나는데, 그들은 학창시절의 모습이라고는 눈곱만큼도 찾아볼 수 없었다. 나와 그다지 친하지 않았다는 이유도 있었지만, 그들은 다른 친구들보다 외모의 변화가 유난히 심했다.

모임이 끝난 후 초등학교 단짝이었던 친구 한 명이 집에 놀러 왔다. 그는 호흡기 분야에서 명성이 자자한 의사였다. 그와 이런 저런 옛 이야기를 나누다가 초등학교 시절의 여자 동창생 이야기가 화두로 떠올랐다. 우리가 어렸을 때는 초등학교에서도 고학년에 올라가면 남녀분반이 되었다. 그래도 3학년 때까지는 남녀합반이었기 때문에 저학년 때 같은 반이었던 여자아이들에 대한 추억이 남아 있었다. 공부를 잘했던 아이, 외모가 귀여웠던 아이들의 이름을 떠올리며 우리는 한참을 웃었다. 성을 말하면 자연스레 이름까지 생각이 났고, 반대로 이름을 말하면 금세 성이 생각났다. 팔순의 노인들이 70년 전에 같은 반이었던 여자아이들을 기억하고 있다는 사실이 신기했다.

70년 넘게 만나지도 못하고 소식도 듣지 못했던 초등학교 시절의 여자 친구들과 동창회 모임을 갖는다면 어떨까? 다들 어떤 모습으로 변했을지 무척 궁금했다. 서로 알아볼 수는 있을까? 공부를 잘했던 아이도, 귀여웠던 아이도 모두 여든이 넘은 할머니가 되어 있을 것이다. 하지만 친구는 이런 말을 했다.

"만나보고 싶은 마음도 있지만 조금 두렵기도 해. 궁금하기는 하지만 나는 아무래도 안 만나는 게 좋을 것 같네."

그 친구의 말에 나 역시 공감했다. 만나는 순간, 어렴풋이 남아있는 여자 친구들의 앳된 모습과 어린 시절 함께했던 아름다운 추억들이 현실 속으로 사라져버릴 것만 같았기 때문이다. 어째서 인간은 나이가 들면 외모가 바뀌는 것일까. 세월이 흐르면 가까웠던 친구조차 알아보지 못할 정도로 외모가 바뀐다는 사실이 조금은 쓸쓸했다. 하지만 어찌하겠는가. 만물은 화무십일홍花無十日紅이라 하지 않았던가.

02

# 여생을 빛나게 하는 비결은 무엇인가

우리의 마음은 우리가 가진 가장 귀중한 소유물이다.
우리 삶의 질은 이 값진 선물을 얼마나 잘 계발하고
훈련시키고 활용하느냐에 달려 있다.

— **브라이언 트레이시** Brian Tracy —

옛날에는 오래 사는 것이 경사스러운 일이었다. 장수하는 노인들을 보면 모두가 부러워하며 축하했다. 장수마을 이야기나 최고령 노인에 대한 뉴스는 미담처럼 회자되곤 했다. 그런데 지금은 어떠한가? 텔레비전 뉴스를 장식하는 것은 고독사孤獨死하거나 생명유지장치를 떼어내고 죽음을 선택하는 노인들의 이야기다. 최근에는 병원의 반대로 생명유지장치를 계속 부착한 채 하루하루 생명을 연장하는 노인들에 대한 인권문제까지 제기되고 있다. 이제 장수는 더 이상 경사스러운 일로 대접받지 못하는 시대가 된

듯하다. 오래 사는 것이 모든 인간의 소원이었던 시절에, 특이하게도 장수에 관한 문제제기를 한 사람이 있었다. 바로 작가인 조나단 스위프트Jonathan Swift다. 그는 1726년에 발표한 《걸리버 여행기》를 통해 "장수가 불로不老를 뜻하지는 않는다."고 주장하며, 사람들에게 장수에 대한 인식의 전환을 요구했다.

이야기의 주인공인 걸리버는 사람들이 죽지 않는 나라, 즉 불사不死의 땅을 방문하게 된다. 그는 '불사'를 동경했다.

"사람이 영원히 죽지 않는다면 얼마나 생산적이고 발전적인 삶이 가능하겠는가! 조금씩만 절약하면 200년 후에는 큰 부자가 될 수 있다. 공부를 하면 대학자가 될 수 있다. 살아 있는 지식과 지혜의 보고寶庫를 갖추어 어린 학생들을 지도하면 훌륭한 인재를 육성할 수 있다."

이런 기대감을 안고 걸리버는 불사의 사람들이 사는 나라를 찾아간다. 그러나 그가 그곳에서 목격한 현실은 한마디로 지옥이었다. 죽지는 않지만 늙어가는 노인들. 그들이 얼마나 혐오스러운 존재로 변해가는지 걸리버는 그제야 깨닫게 된다. 그들에게는 자연의 섭리에 대한 기쁨도, 즐거움도 사라지고 없었다. 닥치는 대로 먹고 마시지만 식욕도, 미각도 사라진지 오래였다. 책을 읽어도 돌아서면 까맣게 잊어버렸다. 친구들의 얼굴뿐만 아니라 아내와 자식과 손자의 얼굴까지 잊어버리기 일쑤였다. 그들에게 삶은 더 이상 즐겁지 않았다. 온갖 질병에 시달리지만 죽음은 찾아오지 않았다. 생각만 해도 끔찍하지 않은가! 그야말로 빠져나갈 구멍이 없는 지옥이다.

현대사회는 고령화 시대에 직면해 있다. 현대인의 평균수명은 남성이 약 79세, 여성이 약 86세라고 한다. 1947년에는 남녀 모두 50세였으므로, 지난 60년간 평균수명이 30년가량 늘어난 셈이다. 그런데 정년은 60세다. 60세가 되면 그동안 일해왔던 일선에서 물러나야 한다. 평균수명을 생각해보면, 정년 후에도 20년이 넘는 시간이 우리를 기다리고 있다. 그 시간 동안 우리는 무엇을 해야 할까? 그저 속절없이 늙어가며 하루하루를 무력하게 보내야 할까?

현대인의 1년 365일은 과거의 시간 개념과 다르다. 바쁜 일상에서 1년은 마치 한 달, 혹은 일주일처럼 짧게 느껴지고, 10년, 20년도 순식간에 지나가는 듯하다. 그래서 정년 무렵이 되어 과거를 돌아보면 열심히 살아온 수십 년의 세월도 눈 한 번 깜빡한 것처럼 짧게 느껴진다. 하지만 그때부터 시작되는 '남은 인생'의 속도는 다르다. 매일 아침 눈을 떠도 할 일이 없다. 그래서 여생의 시간은 훨씬 느리게 흐른다. 이런 시간들이 반복될 때, 《걸리버 여행기》 속의 죽지 않는 노인들처럼 삶이 끔찍하게 느껴지기 마련이다.

하지만 우리는 여생의 즐거움은 먼 곳에 있지 않다는 것을 기억해야 한다. 셰익스피어의 《소네트sonnet》에 이런 말이 나온다.

"5월의 싱그러운 환희 속에서 눈을 그리워하지 않듯, 크리스마스에 장미를 갈망하지 않는다."

5월에는 5월만의 환희가, 크리스마스에는 크리스마스만의 즐거움이 있다. 천천히 흘러가는 여생의 시간에는 그 시간만이 지니는 즐거움이 있다. 지적인 호기심을 꺼트리지 않고 무언가에 집중해 자신을 맡길 때 여생의 시간은 빛난다. 진정한 불로不老, 불사不死란 바로 여기에 있는 것이다.

03

# 영웅도 천재도 결국 나이를 먹는다

내면에 존재하는 무엇이 환경보다 우세하다는 것을
굳건하게 믿는 사람들만이 훌륭한 무언가를 성취하는 법이다.

— **브루스 바튼** Bruce Barton —

요즘 나는 시오노 나나미鹽野七生의 《로마인 이야기》를 읽고 있다. 어린 시절 청소년판으로 출간된 《플루타크 영웅전》을 처음 접한 후부터 로마사에 등장하는 영웅과 사건들에 관한 책들을 즐겨 읽곤 한다. 대학시절에는 셰익스피어의 《줄리어스 시저》, 《안토니오와 클레오파트라》를 공부하기도 했다. 또한 영국사 수업에서 로마 황제 하드리아누스라든가 장군이자 정치가였던 아그리콜라를 배우면서 영국에 문화적, 언어적으로 영향을 미쳤던 로마인들에 대해 관심을 가지게 되었다.

로마사의 명저로 꼽히는 책들이 많지만, 그중에서도 시오노 나나미만큼 로마의 기나긴 역사를 상세하고 읽기 쉽게 집필한 작가는 없다고 단언한다. 시오노 나나미의 책이 다른 로마사 책들과 확연히 구별되는 점은 주요 등장인물의 나이를 빠짐없이 설명하고 있다는 점이다. 그녀는 역사적 사건을 서술할 때 사건과 관계된 모든 인물의 당시 나이를 반드시 함께 기록한다. 이는 영국이나 독일 등 유럽권의 역사서에서는 보기 힘든 특징이다. 여류작가이기 때문에 더 민감하고 세심하여 이러한 서술방식을 구사했을지 모르겠지만, '콜럼부스의 달걀'에 비유할 수 있을 만큼 새로운 발상이라고 찬사하지 않을 수 없다.

인간의 삶에서 나이만큼 중요한 게 또 있겠는가. 20대의 세계관과 60대의 세계관은 다르다. 행동력에서도 차이가 난다. 그렇기 때문에 등장인물의 나이에 따라 역사적 사건이 달라질 수도 있고, 여러 가지 역사적 해석이 가능해질 수도 있다. 또한 독자의 입장에서는 "영웅이 점점 나이를 먹으면서 이렇게 달라지는구나." 하는 생각에 좀 더 실감나게 책에 빠져들게 된다. 나도 그녀의 책을 읽으며 나이는 현실이라는 사실을 자연스럽게 받아들이게 되었다.

이런 생각이 머릿속에 가득했던 어느 날, 텔레비전에서 피아노 연주 실황중계를 보았다. 그것은 마우리치오 폴리니Maurizio Pollini

의 연주회였다. 오랜만에 그의 모습을 보게 되어 무척이나 반가웠다. 마우리치오 폴리니는 '베일에 싸인 천재'로 유명한 이탈리아의 클래식 피아니스트이다. 그는 콩쿠르에서 우승한 뒤에도 10년이 지나도록 세상 밖으로 나오지 않고 혼자서 피아노를 공부했다.

하지만 폴리니 같은 천재도 세월을 비켜갈 수는 없었던 듯하다. 내 머릿속에 각인된 폴리니의 모습은 젊고 예리한 이미지의 청년이었는데, 텔레비전으로 다시 보게 된 그는 이미 노년의 길에 접어들고 있었다. 얼굴은 그리 늙어 보이지 않았지만, 걸음걸이는 누가 봐도 노인의 모습이었다.

물론 피아노 연주는 더없이 훌륭했다. 하지만 아쉽게도, 연주를 하는 그의 얼굴에서는 음악적 도취가 느껴지지 않았다. 흔히 천재들은 자신의 연주에 스스로 도취하여 보는 이들로 하여금 또 다른 감동을 자아내곤 한다. 그런데 연주하는 그의 모습에서는 그것을 찾아볼 수 없었다. 나의 기대가 욕심이었을지 모르겠지만, 폴리니가 젊었을 때부터 사람들 앞에서 자주 연주를 했다면 더 좋지 않았을까 하는 아쉬움이 남았다. 나이에 따라 변화하는 폴리니의 예술적 변화를 보지 못한 것이 못내 아쉬웠기 때문이다.

아무리 인간이 예술의 완성을 추구하더라도 나이라는 장벽을 거스르지는 못한다. 나이가 들수록 젊은 예술가 특유의 날카로움과 반짝이는 재기가 사라지는 것은 어쩔 수 없다. 나이에 따라 세상을 바라보는 시각이 달라지고, 상황에 대처하는 태도 역시 변화하기 때문이다. 그래서 20대의 곡에 대한 해석과 60대의 해석, 20대의 기교와 60대의 기교는 당연히 다를 수밖에 없다. 물론 세월이 흐르면서 나이 듦을 받아들이게 되고, 그에 따라 음악적 원숙미와 예술적 깊이라는 매력이 생기지만 말이다.

영웅도, 천재도 나이를 먹는다. 나라를 세운 영웅도, 예술의 완성을 추구하는 천재도 나이라는 장벽을 거스르지는 못한다. 늙는다는 것은 인간이라면 누구나 받아들여야만 하는 현실이다. 하지만 역사책 속의 영웅들과 천재적인 예술가들을 보면 알 수 있듯이 시간이 지나간 자리마다 또 다른 인생의 선물을 만나게 된다. 중요한 것은 나이라는 현실이 아니라 마음이 가지는 내면의 힘이다.

04

# 멋진 여생을 만드는 것은 지적 깨우침이다

우리 내면의 가장 훌륭한 면모를 지속적으로 훈련시키고 교육하는 삶,
그것이야말로 가장 행복한 삶이다.

— **필립** G. **해머튼** Philip G. Hemerton —

며칠 전 서재에 쌓아놓은 잡지더미가 무너져내려 정리하다가 30년 전에 발행된 〈노인독본〉이라는 잡지를 우연히 펼쳐보게 되었다.

136페이지짜리 주간지였는데, 뜻밖에도 6페이지에 걸친 대담 기사에 내가 등장했다. '나이 들지 않는 시대'라는 주제로 지인인 Y씨와 함께 참여한 대담이었다. 당시 사진도 같이 실려 있었는데, 지금으로부터 30년 전의 모습이라서 그런지 무척 낯설었다. 사진 속 Y씨는 무척 건강해 보였고, 나 역시 얼굴에 검버섯 하나 없이 젊은 모습이었다. 나에게도 그런 시절이 있었다는 것이 아득하게 느껴졌다.

잡지 목차를 죽 훑어보니 지금 다시 복간해도 괜찮을 만큼 공감되는 내용들이 많았다. 노인문제는 예전이나 지금이나 여전한 듯하다. 인간이 태어나서 성장하고, 늙어서 죽음에 이르는 사이클은 몇백만 년 전부터 똑같이 반복되고 있다. 하지만 인간의 사이클만 변하지 않을 뿐, 인간이 살아가는 사회는 끊임없이 변하고 있다. 늙어서 죽음에 이른다는 생물학적인 현실은 변하지 않는 진리지만, 노인의 위상은 사회의 변화에 따라 달라지고 있는 것이다.

대담에서 Y씨는 지진이나 전쟁과 같은 시대적 대변혁이 있을 때마다 노인들의 생활에 큰 변화가 있었다고 주장했다. 그러한 시대를 겪었던 사람이라면 생생하게 기억하고 있을 것이다. 과거에는 개인의 권리에 버금가는 사회적 질서와 규칙이 존재했고, 그 속에는 노인에 대한 존경과 예의가 내재해 있었다. 심지어 나이에 따라 전통의상의 줄무늬 개수까지 달랐다. 의상에까지 사회적인 약속이 존재했고, 나이에 따른 세대간의 구분도 명확했다. 노인에 대한 사회적 대우가 현재보다 극진했던 것이다.

노인에 대한 대우뿐만 아니라 나이 든다는 것을 받아들이는 사람들의 태도도 지금과는 사뭇 달랐다. 내 기억 속에도 강렬하게 남아 있는 장면이 있다. 어머니께서 첫 손자를 안으셨을 때였다. 바로 누나의 큰딸이었다. 그때 어머니는 “나도 이제 할머니가 되었구나.” 하시며 기쁨을 감추지 못하셨다. 중학생이었던 나는 어머니께서 그토록 기뻐하는 모습을 이전에 본 적이 없었다. 요즘 세상에 할머니가 되었다고 기뻐하는 중년 여성들이 얼마나 되겠는가. 텔레비전 아침 프로그램의 한 출연자는 방청석에 앉아 있는 7, 80대 할머니들을 “아가씨”라고 부른다. 여성들이 ‘아가씨’라는 말에 즐거워한다는 것을 경험으로 깨달았기 때문일 것이다.

노인이 되었다는 것, 즉 할아버지 혹은 할머니가 되었다는 것을 진심으로 기뻐하기 위해서는 두 가지 전제조건이 필요하다. 첫째는 젊은 날의 고생이다. 온갖 고생과 노력 끝에 일가를 일구고, 나이가 들 때까지 무사히 가정을 이끌어왔다는 자부심이 있어야 가능한 것이다. 둘째는 전통적인 가족제도에 대한 신뢰다. 나의 어머니는 어렸을 때 부모님을 여의고, 숱한 고생을 감내하며 살아왔다. 자녀 넷을 낳아 그중 한명을 잃고 셋을 키워냈으며, 맏며느리였기 때문에 보잘것없는 남편의 수입만으로 시어머니를 봉양하고 어린 시누이까지 돌봐야 했다. 어머니는 아마도 ‘나는 언제쯤 며느리를 두고 이 고생에서 벗어날 수 있을까?’ 하는 생각을 수천 번도 더하셨을 것이다. 그런 어머니에게 할머니가 된다는 것은 힘겨웠던 세상이 천국으로 변하는 순간이었고, 젊은 날의 고생으로 보답받은 인생의 선물이었을 것이다. 손자의 탄생은 할머니가 되었음을 확인시켜주는, 곧 고생이 끝나고 행복한 인생이 시작됨을 알리는 상징적인 사건이었던 것이다.

또한 집안의 대가 끊기지 않았다는 안도감 역시 할머니가 되었다는 기쁨에서 매우 큰 비중을 차지한다. 이것은 선조대대로 지속해온 혈통, 다시 말해 나의 DNA를 이 땅에 남겼다는 안도감이다. 이는 불사不死와 관련이 깊다. 다음 세대를 통해 나라는 존재가 영원히 남게 되는 것이다. 그 아이가 다시 아이를 낳으면 감동은 더욱 커진다. 과거에는 대를 이은 출산이야말로 평범한 사람들이 삶과 죽음을 초월함으로써 마음의 편안함을 얻을 수 있는 안심입명安心立命의 경지였기에 손자들에게 둘러싸인 노인은 안심하고 숨을 거둘 수 있었다.

서구사회도 다르지 않다. 이는 "유럽 각국은 부흥기에 자손의 번창과 가족제도에 집착했다."는 20세기 역사철학자 오스발트 슈펭글러Oswald Spengler의 기록에서도 짐작할 수 있다. 서구사회에서 명가로 불리는 가문에서는 상당한 규모의 묘지를 만들어 친족의 유해를 매장한다. 다이애나 비가 사고로 죽었을 때도 스펜서 백작 가家에서는 친족의 묘지에 그녀를 매장했다. 여기에는 가문 사람들 외에는 누구도 접근하지 못한다.

그러나 사회가 변하면서 가족제도도 달라지고 있다. 안타깝게도 가족의 결속력은 예전 같지 않다. '대를 잇는 기쁨'은 이제 더 이상 노인들에게 존재의 의미를 가져다주지 못한다. 그렇다면 이 시대의 노인들은 무엇으로부터 안식과 기쁨을 얻어야 할까? 과거 고승들은 대부분 독신이었기 때문에 자손을 통해 불사의 감동을 느껴볼 수 있는 기회가 없었다. 그러했기에 더욱 더 엄격하게 수행에 임했으며 깨우침에 집착했다. 나는 여기에서 지혜의 일단一端을 발견한다. 대를 잇는 것이 생물학적인 생명의 연장을 꿈꾸는 것이라면, 지식을 통한 성장은 영적인 생명의 연장을 꿈꾸는 것이다. 배움을 이어가며 그 안에서 깨우치고 자신을 풍요롭게 하는 것, 그것이 멋진 여생을 완성시키는 즐거움이다.

05

# 노년에 쇠하지 않는 비결은 장년의 배움에 있다

젊었을 때 배움을 게을리한 사람은 과거를 상실하며 미래도 없다.

— 에우리피데스 Euripides —

옛말에 '반백 년 인생'이라고 했다. 평균수명이 50세였던 시절에는 일생이라고 해도 50년 남짓한 시간이었다. 그런 시대에는 40세를 일컬어 '초로初老'라고 불렀다. 20대 못지않은 젊음을 과시하는 현재의 40대를 생각하면 상상도 할 수 없는 일이지만 말이다.

초로라 불리던 40세에 일선에서 물러나 50세 무렵에는 세상과 작별했으니 그때는 여생에 대한 근심이 그리 크지 않았다. 그러나 요즘 정년은 보통 60세다. 평균수명도 80세가 넘다 보니 은퇴 후에도 20년이라는 세월이 남아 있다. 20년이라고 하면 아이가 세상에 태어나서 대학에 입학할 때까지의 시간이니 결코 짧다고 할 수 없다.

현대인의 나이 개념이 '반백 년 인생'이었던 시절과 비교하면 50세가 35세, 60세가 42세, 70세가 49세에 해당한다고 볼 수 있을 것이다. 요즘에는 60세에도 한창 일할 수 있는 육체와 정신력을 갖추고 있으니 이런 치환이 가능하다.

그럼에도 불구하고 직업전선에서 물러나 20년 가까운 세월을 홀로 버둥거려야 한다는 것이 얼마나 슬픈 일인가. 도대체 그 긴 세월 동안 무엇을 하라는 것인가. 이런 상황이라면 누구든지 불안해지지 않을 수 없을 것이다. 그래서 새롭게 무언가를 시작해야 할 것 같은데, 그것이 도대체 무엇인지 모르겠다고 푸념하는 사람들이 많아지고 있다.

인생 후반에 갈피를 못 잡고 이처럼 방황하는 이들에게 에도 시대의 유학자인 사토 잇사이佐藤一齋는 흥미로운 명언을 남겼다. 처세의 명저로 뽑히는 그의 저서 《언지만록言志晩錄》에는 이런 글귀가 있다.

"청년에 배우면 장년에 큰일을 도모한다. 장년에 배우면 노년에 쇠하여지지 않는다. 노년에 배우면 죽더라도 썩지 않는다."

'청년에 배우면 장년에 큰일을 도모한다.'는 문장은 특별히 설명할 필요가 없을 듯하다. 부모가 자녀에게, 혹은 교사가 학생에게 공부를 강요하는 까닭이 바로 여기에 있다. 학생이 볼멘소리로 "왜 좋은 학교에 들어가야 하는 거죠?"라고 물으면, 지도교사는 아마도 이렇게 대답할 것이다.

"좋은 학교를 졸업한 사람에게는 자신의 능력을 발휘할 수 있는 기회와 자유가 더 많이 주어지기 때문이다."

물론 반드시 좋은 학교에 진학하기 위해서나 번듯한 직업을 갖기 위해서만 공부하는 것은 아니다. 청년 시절에 치열하게 배우고 익힌 모든 것들은 머리와 가슴에 스펀지처럼 흡수되어 인생의 밑거름이 되기 마련이다.

'노년에 배우면 죽더라도 썩지 않는다'라는 가르침은 죽은 후에나 확인이 가능하므로 현실에서는 증명할 수 있는 길이 없다. 하지만 이 글귀는 '나이 들어서도 계속 배우고 공부하면 사후평가가 달라진다.'는 의미로 이해할 수 있을 듯하다. 평가대상인 내가 이미 죽은 몸이므로 사람들의 평가를 직접 들을 수는 없더라도 말이다.

세 문장 가운데 가장 중요한 것은 '장년에 배우면 노년에 쇠하여지지 않는다.'는 가르침인 듯하다. 내가 하고 싶은 이야기도 바로 여기에 있다. 장년은 한창 열심히 일할 나이다. 일터에는 어느 곳을 막론하고 배울 만한 가치들이 산적해 있다. 그런 이유로, 장년기에 자신의 일터에서 최선을 다해 일해온 사람이라면 무언가를 꾸준히 공부했다는 자부심이 있을 것이다. 그런데 이것은 착각이다.

장년기는 일생 중 가장 일에 몰두해야 할 나이다. 이즈음에는 하고 있는 일에 대한 숙련도가 최고조에 달해 자신감이 하늘을 찌른다. 그래서 속기 쉽다. 자신이 하는 일에 열중하고 있다는 것은 업무상 필요한 지식과 정보를 적극적으로 수용하고 있다는 의미다. 전공분야를 깊이 파고들며 정보를 수집할수록 하고 있는 일에서 얻어지는 성취감은 배가 된다. 바로 여기에서 '나는 지금 배우고 있다.'는 자각이 생겨난다.

문제는 이렇듯 열심히 일하고 배워왔건만, 막상 정년을 맞이하게 되었을 때는 '앞으로 무엇을 해야 하는가?'라는 원초적인 질문 앞에서 할 말이 없다는 것이다. 왜 이런 일이 벌어지는 것일까? 끊임없이 무언가를 배워왔다고 자부하지만, 실은 그것은 배움이 아니었다는 반증이다. 배운 게 없기에 할 수 있는 일도, 하고 싶은 일도, 해야 할 일도 없는 것이다. 그동안 열심히 공부하고 수집해온 정보들은 직장을 떠나거나 맡은 직책에서 물러나는 순간 인생에 아무런 도움도 주지 못하는 폐품으로 전락한다. 그저 바쁘게 일하면서 업무효율을 높이기 위해 필요한 능력을 단련했을 뿐 인생에 도움이 될 만한 무언가를 배우거나 지식을 쌓은 것은 아니다.

이것은 사토 잇사이가 말하는 '장년의 배움'이 결코 아니다. 우리는 업무적 능력 계발이 자기 계발이라고 착각하며 살아간다. 하지만 '장년에 배우면 노년에 쇠하여지지 않는다.'라는 배움의 경지는 일을 잘하기 위해 필요한 배움이 아니다. 평생 즐겁게 배우고 익히는 것, 이것이 노년을 풍요롭게 만드는 장년의 자기계발임을 명심해야 한다.

06

# 장년에 뿌린 씨앗은 여생을 풍요롭게 한다

나는 그저 살아가기 위해 태어난 것이 아니다.
의미 있는 인생을 만들기 위해 태어난 것이다.

— 헬리스 브릿지스 Helice Bridges —

영문학 교수로 오랫동안 재직한 내 입장에서 보면, 교수들은 직업의 특성상 정년 후에도 지적 생활을 지속하기 쉬운 사람들이다. 그럼에도 불구하고 정년퇴직과 동시에 지적 활동에서 멀어지는 교수들이 상당히 많다.

'아, 이제 공부를 마칠 시간이 됐군.' 이라고 생각하기라도 한 듯, 지적 활동을 포기해버리는 학자들을 나는 적지않게 봐왔다.

재직 중에 부지런하지 않은 교수들은 드물다. 10년간 같은 노트를 앵무새처럼 읽고 있는 게 전부일 뿐이라는 비난을 받는 교수들도 많지만, 그런 교수들조차도 일상이 한가로운 것은 아니다. 매일 학생들 앞에서 어려운 이론을 가르치며 강의 스케줄을 소화해야 하기 때문에 이래저래 바쁘다. 또한 강의 준비며 시험 채점이며 학사 업무 등에 상당한 시간을 할애해야 한다. 질문을 안고 수시로 연구실에 찾아오는 학생들도 일일이 응대해주어야 하고, 일년에 몇 차례씩 학회에도 참석해야 한다.

이러한 일들을 하루하루 소화해나가다 보면 자신이 매일 열심히 공부하고 있다는 착각에 빠진다. 하지만 이는 매우 위험한 발상이 아닐 수 없다. 이렇게 끌려가듯 일상에 쫓기다 보면 정년에 이르고, 정든 학교를 떠나야 한다. 그리고 은퇴 후 집에서 할 일 없이 빈둥거리는 자신의 모습을 발견하고 당황한다. 이는 강의와 학사 업무에만 치중한 탓에 가장 중요한 자신만의 연구를 소홀히 한 결과라고 할 수 있다. 정년퇴직한 후에 그것을 깨달았을 때는 이미 늦다.

좀 더 심각한 교수들도 있는데, 그들은 자신의 마지막 강의조차도 제대로 끝마치지 못한다. 마지막 강의란 퇴직을 앞둔 교수가 그동안 연구한 과제와 결과를 재학생뿐만 아니라 졸업생과 동료·후배교수들 앞에서 발표하는 귀한 시간이다. 개인적으로는 학자로서 한평생 어떤 목표와 과제로 연구해왔는지 보고하는 자리이자 해당 분야에서는 그 학문의 미래에 대한 전망을 기대해볼 수 있는 시간이다. 또한 학생들 입장에서는 은사와의 추억을 나눌 수 있는 의미 있는 시간이기도 하다. 발표형식은 중요하지 않다. 학자 스스로 학문에 힘쓰며 겪어온 일들에 대해 풀어놓는 자리이기 때문에 어떤 식이든 상관없다. 그런데 이 마지막 강의를 제대로 끝마치지 못하는 교수들이 종종 있다. 실험과 연구가 일상화되어 있는 이과계보다는 문과계 연구자나 학자들에게서 적지 않게 나타나는 일들이다.

어떻게 이런 일이 일어날 수 있는 것일까? 어떻게 한평생을 강단에 서 온 교수가 자신의 마지막 강의를 해내지 못할 수 있는가? 이는 제대로 된 연구 없이 강단에서 세월만 보내온 결과다. 어린 학생들을 상대로 일방적인 강의만 해왔기 때문에 같은 분야의 전문가들 앞에서는 입이 떨어지지 않는 것이다. 그동안 축적해놓은 것이라곤 보잘것없는 업적과 부족한 연구일 뿐이라는 게 한눈에 들통날 것이 빤하니, 그 자리가 힘겨울 수밖에 없다. 학생들을 대상으로 강의하는 것이라면 얼마든지 속일 수 있다. 하지만 동료 연구자들까지 속일 수는 없는 일이다.

이런 믿기 힘든 일이 일본 최고의 대학이라는 동경대학에서도 일어났다. 유명한 학자였던 A교수는 마지막 강의 시간이 다 됐는데도 강의실에 나타나지 않았다. 당황한 제자들이 집에 찾아가 그를 억지로 차에 태워 학교까지 데려와야 했다. 그러나 연단에 올라간 뒤에도 그는 쉽게 입을 열지 못했다. 한참을 뜸들인 후에야 강의를 시작했는데, 몇몇 작가들의 이름만 들먹였을 뿐 또다시 입을 다물고 수십 분간 서성거리기만 했다. 제자들은 물론 그 자리에 있던 모든 이들이 당혹스러워하며 어쩔 줄 몰라 하던 모습이 아직까지도 기억난다. 명성은 자자했지만 내실은 빈약하기 짝이 없던 그의 실체가 영예로워야 할 마지막 강의에서 들통나고만 것이다. 아마도 그는 강의하고 시험 채점만 잘하면 교수로서 충실하게 자기역할을 다하는 것이라고 생각하며 자기 자신을 위한 공부는 돌아보지 않았을 것이다. 혹은 강의와 시험 채점을 연구라고 착각했는지도 모르겠다.

그런 교수들과 비교하면 다니자와 에이이치谷澤永一 씨는 아주 특별한 사람이다. 간사이 대학 문학부 교수였던 다니자와 씨는 정년을 10년이나 앞두고 스스로 대학을 나왔다. 대학에 있을 때도 전공분야의 연구에 충실하며 부지런히 책을 집필했는데, 학교를 그만두고 나서는 자유로운 발상의 날개를 달고 마음껏 붓을 휘둘렀다. 그 결과 60세 이후에는 명실공히 베스트셀러 작가로 불리게 되었다. 대표작인 《인간통》도 은퇴한 이후의 작품이다. 그가 이토록 많은 책을 쓸 수 있었던 비결은 대학교수 시절에 다양한 분야를 공부하며 지식을 축적해놓았기 때문이다. 장년에 뿌렸던 씨앗이 노년이 되어서 열매를 맺은 것이다.

길어진 인생에서 볼 때 장년은 꽃을 피우는 시기가 아니라 씨앗을 뿌리는 시기라고 할 수 있다. 사회적으로 인정받으며 자신의 일터에서 화려한 꽃을 피웠더라도 다시금 지식의 씨앗을 뿌려야 한다. 하루하루의 일정에 떠밀리듯 살아가느냐, 자신을 위한 지식을 부지런히 쌓아가느냐에 따라 여생의 풍요로움은 달라지게 마련이다.

07

# 평생의 공부거리는 풍요로운 여생을 선사한다

배움은 우연히 얻어지는 것이 아니라
추구하는 열정과 근면함의 결과이다.

— 애비게일 애덤스 Abigail Adams —

그동안 나는 몇 권의 책을 출간하며 여러 편집자들과 함께 일해왔다. 편집자는 밤낮 구분 없이 일해야 하는 바쁜 직업 중 하나다. 그렇기 때문에 웬만해서는 다른 분야의 일에 손을 댈 만한 여유가 없다. 하지만 그런 중에도 어렵게 시간을 내어 자신의 관심 분야를 별도로 공부하고 지식을 축적해가는 사람들이 있다. 평론가인 S씨나 대작 역사물을 집필한 H씨가 대표적인 사람들이다. 그들은 정년퇴직으로 편집 업무에서 손을 뗀 후 새로운 분야에서 맹렬히 활동하고 있다. 현역시절에는 편집자로서 뛰어난 능력을 펼치고, 은퇴로 자유의 몸이 된 뒤에는 그동안 준비했던 분야에서 능력을 발휘하고 있는 것이다.

전직 외교관이었던 오카자키 히사히코岡崎久彦 씨도 예외가 아니다. 고희를 넘긴 그는 "외교관이던 50세의 나와 지금의 나는 사물을 바라보는 깊이 면에서 비교가 되지 않는다. 은퇴한 후에 더 정확하게 사물의 본질에 접근하는 것 같다."고 말했다. 그가 이처럼 당당하게 말할 수 있는 것은 장년에 제대로 배움에 힘쓰며 노년을 맞이했기 때문이다.

젊은 시절부터 그는 치열하게 공부해왔다. 청년시절에는 외교관이 되기 위해 공부해야 했고, 장년이 되어 외교관으로 활동할 때는 부임지에 따라 새로운 언어와 정치지형을 읽어내기 위해 공부를 계속해야 했다. 하지만 그것은 오카자키 씨에게 '업무적 능력계발'이었을 뿐이었다. 그는 여기에 그치지 않고 자기만의 배움을 이어갔다. 외국으로 발령이 나든 본국에서 근무하든, 일상적인 업무 이외의 분야에 관심을 갖고 지속적으로 공부한 것이다. 그리고 전문가 수준의 저작물로 정리해서 출판했다. 한국에서 근무할 때는 '조선시대 양반'에 관하여 공부해 책을 썼고, 네덜란드에 부임했을 때는 네덜란드의 역사에 관한 책을 썼다. 이와 관련된 잡지기고도 여러 차례나 했다. 이 모든 것은 업무상 필요했기 때문이 아니라 순전히 지적인 호기심에서 비롯된 탐구였다.

국가 관료라는 신분이 때로는 개인적인 의견을 마음대로 표출하는 데 한계가 되기도 했다. 그러나 무언가를 배우는 데 있어서는 아무런 걸림돌이 되지 않았다. 문제는 오로지 열정과 시간이었다. 글을 쓴다는 것은 고도의 집중력을 필요로 하기 때문에 업무만큼이나 많은 에너지를 요구하게 마련이다. 또한 독자가 지갑을 열어 사고 싶게 만들 정도로 훌륭한 책을 쓴다는 것은 결코 쉬운 일이 아니다. 그렇지만 그는 그 모든 일들을 해냈다. 외교관이라는 자신의 업무에 철저하게 임하면서도 따로 시간을 내어 그러한 성과들을 이루어낸 것이다. 원고료가 탐이 나서 글을 쓴 것은 아니었지만, 과외課外의 수입이 된 원고료 덕분에 동료들과의 회식비를 자신이 부담할수도 있었다.

자신의 분야에서 도전하고 성취하는 것은 의미 있는 일이다. 그러나 언젠가는 떠나야 할 업무라면 그 일과 상관없이 도전할 수 있는 또다른 과제를 만들어야 한다. 그 과제를 찾아 매진했을 때 우리는 비로소 '장년에 배우면 노년에 쇠하여지지 않는다.'는 경지에 이를 수 있다. 남들이 일선에서 물러나 하는 일 없이 허탈해할 즈음, 새롭게 열정의 불을 지필 수 있는 관심영역이 있다면 여생이 얼마나 풍요롭겠는가. 기나긴 여생 동안 매진할 수 있는 일을 하기 원한다면 장년에 그러한 기회를 찾아나서야 한다. 일찌

감치 기회의 문을 찾아낸 사람과 그렇지 못한 사람이 맞이하는 여생의 모습이 결코 같을 수는 없다.

08

# 지적 활동의 투자는 여생을 꽃피운다

만약 당신의 삶을 장대한 이야기로 만들고 싶다면,
당신 자신이 작가이며 날마다 새로운 페이지를 쓸 기회가 있음을
깨닫는 것으로 시작하라.

— 마크 훌라한 Mark Houlahan —

중국 당대의 시인 이백李白은 "석 잔이면 큰 도에 통하고 한 말이면 자연과 하나가 된다.三盃通大道 一斗合自然"며 음주의 즐거움을 노래했다. "이 세상에서 술자리만큼 즐거운 것은 없다.", "퇴근 후 동료들과 마시는 한 잔 술이 인생의 낙이다."라고 말하는 사람들은 우리 시대에도 많이 있다. 누군가에게는 지인들과 어울려 술 한 잔 나누는 것이 인생의 낙일 수 있다. 세상살이 시름을 털어버리고 친목을 다지는 그 시간이 왜 즐겁지 않겠는가. 이 또한 삶에서 얻을 수 있는 미학이다. 그러나 지적인 삶의 미학을 추

구하는 사람들이라면 문제는 달라진다.

학자 사회에서는 "술자리를 유난히 즐기는 사람일수록 제대로 된 저술 한 권 남기지 못한다."라는 말이 유명하다. 기자들의 세계에서도 마찬가지인지, 어느 유명한 저널리스트가 "저녁에 술 마시러 다니는 기자들치고 나중에 자기 이름으로 책을 쓴 사람이 없다."라고 하는 말을 들은 적이 있다. 기자들 중에도 취재라는 업무 영역에서 벗어나 한 분야에 꾸준히 관심을 갖고 나름대로 연구하는 이들이 있다. 그런 사람들은 은퇴 후 그 분야에서 전문가로서 명성을 날리곤 한다.

기자뿐만 아니라 어느 분야에나 한 우물을 파서 성공한 이들이 존재한다. 그들은 어떤 형태로든 업무영역을 뛰어넘어 자기만의 공부를 계속해나가는데, 정년 무렵이 되면 그렇게 공부한 지식의 양이 엄청난 수준에 이른다. '장년의 배움'이란 그런 식으로 쌓이는 것이다.

그런데 자신이 하고 있는 일 이외에는 관심 있는 분야가 전혀 없다면 어떻게 해야 할까? 그럴 때는 업무와 관련된 분야에서 답을 찾으면 된다. 업무상 필요한 분야 중에서 지금 당장은 필요하지 않더라도 관심 있는 분야가 있다면 집중적으로 탐구해나가는 것이다. 굳이 업무와 동떨어진 영역에서 관심거리를 찾아야 할 필요 없다. 중요한 것은 매일 조금씩이라도 지적 투자를 해보는 것이다. 공부를 하든, 정보를 모으든 지속적으로 노력하다 보면 매일매일 축적된 지식이 은퇴와 동시에 꽃을 피우게 될 것이다. 하지만 관심영역의 일을 하느라 자신이 맡은 업무를 소홀히 해서는 안 된다. 당연한 이야기겠지만 본말이 전도될 정도라면 하지 않느니만 못하다.

뜻밖에도 업무와 전혀 관련 없는 새로운 영역을 공부하는 데 업무적인 경험이 도움이 될 때가 있다. 반대로 온전히 개인적인 흥미에서 시작한 공부가 업무영역에 도움이 될 때도 있다. 영문학을 전공했던 나는 젊은 시절부터 번역과 작문 중심으로 꾸준히 영어공부를 계속해왔다. 그렇게 외국어를 공부했던 경험은 이후 독일어를 배울 때 큰 도움이 되었다. 어떤 것이든 배움은 결코 헛되지 않은 법이다. 축적된 지식들이 언제 어느 지점에서 서로 만나게 될지 모른다. 얼핏 보면 공통분모가 없다고 생각되는 두 분야가 서로 영향을 미치기도 하고, 좋아서 시작한 일이 업무 성취에 도움이 되는 경우도 적지 않다.

무엇보다 중요한 것은 관심과 흥미를 느끼는 새로운 영역을 발견하는 것이다. 자신이 무엇에 흥미를 느끼는지 모르겠다는 사람들이 종종 있는데, 그것은 자신을 깊이 있게 들여다보지 않았기 때문이다. 누구에게나 흥미를 느끼는 분야가 반드시 있게 마련이다. 그것을 스스로 깨닫지 못하고 지나치는 것뿐이다. 조금이라도 빨리 자신이 흥미를 느끼는 일을 발견하기 바란다. 자꾸 마음이 가고, 그래서 더 자세히 알고 싶은 분야가 있다면 그것에 집중하면 된다.

내 주변에는 술을 무척 좋아하면서 만년 또한 행복하게 보냈던 분들이 많다. 나 역시 술자리의 유쾌함을 잘 안다. 그러나 나의 경우에는 저녁 술자리에서 사람들과 어울리는 것보다 나만의 시간을 만들어 내가 흥미를 느끼고 관심있는 분야에 빠져드는 것이 더 즐겁다. 오늘 마시는 한 잔 술은 순간의 즐거움으로 그치지만, 오늘 저녁의 개인적인 투자는 훗날 지적 자극이 넘쳐나는 여생의 밑거름이 된다. 준비하는 기간이 늘어날수록 기쁨의 크기가 커지므로 하루라도 빨리 시작하는 것이 좋다. 매일 조금이라도 좋으니 관심분야에 대한 공부를 지속하기 바란다. 이런 작은 노력에서 여생의 꽃이 활짝 피어난다. 이 세상에 투자 없이 얻을 수 있는 것은 없다. 지적 활동으로 충만한 여생을 누리고자 한다면 그만큼 준비가 필요하다.

# 09

# 즐기는 경지에 이르면 나이듦이 두렵지 않다

우리가 마음먹는다면 지금 이 순간 좋아하고
갈망하는 일을 할 수 있다.

— 작자 미상 —

나는 공자의 《논어》를 중학교 2학년 한문 수업시간에 배웠다. 생각해보면 그 시절 중고등 과정의 한문과 영어 수업은 수준이 굉장히 높았던 것 같다. 요즘 대학교 중문과 학생들이 공부하는 중국 역사서인 사마광司馬光의 《자치통감資治通鑑》도 고등학교 2학년 때 배웠으니 말이다.

중학교 시절부터 암기한 고전명구들은 내 평생의 지적 재산이 되었다. 오래 전 배운 《논어》 가운데 요즘 들어 내 마음에 새롭게 다가오는 구절이 있다. 바로 "아는 자는 좋아하는 자에게 미치지 못하고, 좋아하는 자는 즐기는 자에게 미치지 못한다.知之者 不如好之者, 好之者不如樂之者"라는 말이다.

공자의 말을 풀이하자면 이렇다. 열심히 하면 알게 된다. 그러나 단순히 '알게 된 것'은 언젠가는 잊어버린다. 하지만 '좋아해서 알게 된 것'은 잊어버리지 않는다. 공자는 여기에서 한 발 더 나아가 '즐기면서 알게 되는 것'이 최고라고 말한다. 이왕이면 내가 좋아하는 그 일이 바람직한 일이라면 더 좋다. 공자의 가르침은 아는 것도, 좋아하는 것도, 즐기는 것도 모두 덕이 되어야 한다는 철학 위에 있다. 즉, 덕의 실천이 즐거움이고, 즐거움이 곧 덕의 실천이 되어야 한다는 가르침이다.

학문의 세계나 예술의 세계, 또는 직업의 세계에서도 같은 이치를 적용할 수 있다. 나는 내가 하는 일을 좋아하는가? 내가 과연 좋아하고 잘하는 것을 넘어 즐기는 경지에 올랐는가? 스스로 이런 질문을 던져 보자. 어떤 답이 떠오르는가?

진정으로 즐기는 경지에 이르렀는지는 은퇴 후의 모습에서 증명된다. 자신의 일을 즐기는 경지에 이른 사람이라면 정년과 동시에 평생의 관심영역을 버리는 일은 없다. 하지만 안타깝게도 은퇴 후에도 학문이나 관심분야를 즐기는 이들은 많지 않다. 동료나 후배 영문학 교수들만 보더라도 정년퇴직 이후 영문학 고전이나 최신 영문소설을 즐거운 마음으로 탐독하는 이들은 거의 없다.

언젠가 일간지에 바이올리니스트인 I씨의 글이 실렸다. 고인이 된 유명 바이올리니스트 에토 도시야江藤俊哉 씨와의 추억을 회상하는 내용이었다. I씨는 에토 씨와 함께했던 공연에서 감동 이상의 경험을 했다고 한다. 그는 그 순간을 이렇게 표현했다.

"그토록 즐겁게 흥분한 상태에서 바흐를 연주한 것은 그때가 처음이었다. 그 순간 나는 음악을 가슴 깊은 곳에서부터 즐기고 있었다."

에토 도시야 씨는 '음악의 브리태니카'라고 불리는《그로브 음악사전》에 등장할 정도로 세계적으로 인정받는 대연주가였다. 동시에 바이올린 연주에 있어서 공자가 말한 대로 최고의 경지, 즉 즐기는 경지에 도달한 사람이었다. 한때 그와 이웃사촌이었던 나는 그것을 가까이에서 확인할 수 있었다.

한동네에 살던 시절, 에토 씨 부부는 종종 우리 집에 놀러오곤 했다. 처음에는 차와 식사를 함께하고 대화를 나누는 정도였는데, 언젠가부터 에토 씨는 그것이 조금 부족하다고 느꼈던 모양이다. 어느 날 갑자기 에토 씨 부부는 바이올린을 가져왔다. 그리고 내 딸에게 피아노 연주를 부탁하여 세 사람이 실내악을 연주했다. 청중이라고는 나와 아내와 우리 아들뿐이었다. 세계적인 바이올리니스트의 연주를 우리 집 거실에서 감상한다는 것은 상상도 할 수 없었던 일이었다. 황홀한 연주를 마친 뒤에 에토 선생은 미소를 가득 머금으며 기쁜 마음을 감추지 못했다. 그는 즐거운 식사가 끝난 뒤에 그 기분을 바이올린으로 연주하고 싶어서 견딜 수 없었다고 했다.

언젠가 공연장에서 선생의 베토벤 바이올린 협주곡을 감상한 적이 있었는데, 몇 초인지 몇 분인지는 모르겠지만 내 영혼이 연주회장을 떠다니는 것 같은 기분을 느꼈다. 이전에도, 이후로도 두 번 다시 겪어보지 못한 경험이었다. 집에 돌아와서 같은 곡을 유럽 대가의 레코드로 감상했지만 그런 감흥은 느껴지지 않았다.

나는 그가 정식무대에서 연주할 때 출연료를 얼마나 받는지 모른다. 그러나 분명 엄청난 액수일 것이다. 세계 어디에 가도 바이올린만 손에 잡으면 상당한 돈이 뒤따랐을 것이다. 그러나 에토 선생은 그것을 계산하지 않았다. 그는 바이올린을 머리가 아닌 가슴으로 연주하는 사람이었다. 선생 내외는 나의 환갑잔치 때도 바이올린을 연주해주었다. 나에게는 예상치도 못했던 깜짝 선물이었다. 기껏해야 감사하다는 인사 몇 마디가 사례의 전부일 것을 알면서도 그는 기꺼이 그 자리에서 최고의 연주를 들려주었다. 자신의 연주가 얼마짜리인지 계산하지 않고, 그 자리에 있던 그 누구보다 그 순간을 즐겼다.

전설적인 피아니스트인 블라디미르 호로비츠Vladimir Horowitz도 에토 선생과 비슷한 유형이었다. 호로비츠는 집에 친구들이 놀러오면 항상 피아노를 연주했는데, 몇 사람만 놀러 와도 흥에 겨워 피아노를 연주하지 않고는 못 배겼다고 한다. 그 자리에 있던 사람들이 얼마나 감격했겠는가. 호로비츠 역시 스스로 피아노 연주가 즐거워서 연주하지 않고서는 견디지 못할 정도로 '즐기는 경지'에 이르렀던 예술가였던 것이다.

예술가에게 예술이, 학자에게 학문이 즐거움에 이르지 못한다면 그것은 '진짜'라고 할 수 없을 것이다. 즐기는 경지에 이르지 않고서는 작품과 연주, 또는 이야기와 행동으로 타인의 영혼을 흔들지 못한다. 이것은 살면서 내가 몸소 깨달은 진리이기도 하다. 그래서 나는 기회가 있을 때마다 젊은 사람들에게 이렇게 충고한다.

"지금 자네가 하고 있는 일에 열정을 다하게. 그러나 그전에 그것을 온몸으로 즐겨보게."

10

# 하고 싶은 일을 실컷 해볼 수 있는 시간

인생에서 목표로 삼아야 할 것은 두 가지다.
하나는 원하는 바를 이루는 것, 또 하나는 그것을 즐기는 것이다.

— **로건 피어솔 스미스** Logan Pearsall Smith —

내 전공이 영문학이니, 영문학 이야기를 해보겠다. 영문학 전공자는 일반인에 비해 영어를 좀 더 많이 알고, 또 좋아하는 사람임에 틀림없다. 일반인보다 영문학 전공자가 더 많은 영어원서를 읽는 것도 사실이다. 여기까지는 눈에 보이는 현실이다. 문제는 다음인데, 그들이 과연 영문학을 좋아하는 수준을 넘어 즐기는 경지에 이르렀을까? 유감스럽게도 상당수 전공자들이 그런 수준까지는 도달하지 못한 듯하다. 영문학을 좋아해서 영문학 교수가 되었지만, 영문학을 즐기는 경지에는 도달하지 못한 것이다. 동료나 후배 교수들을 보더라도 교수라는 지위를 즐기는 사람은 많은 반면, 자신이 전공하고 있는 영문학을 즐기는 사람들은 극소수라는 인상을 자주 받곤 한다.

어떤 분야를 즐기는 수준에 이르면 정년퇴직을 하든, 직업을 바꾸든 계속해서 즐길 수 있다. 주변 여건은 문제가 되지 않는다. 그러나 단지 잘 아는 분야라서, 혹은 단순히 좋아서 시작한 정도라면 정년과 동시에 의욕이 사라지는 경우가 대부분이다. 더 이상 매진하고 싶은 욕구가 생기지 않는 것이다. 은퇴 후 자신의 전공 분야를 거들떠보지도 않는 전문가들이 많은 것도 바로 이런 이유에서다.

그런가 하면 즐기고 싶어도 환경이 뒷받침되지 않을 때도 있다. 이공계 전공자들 중에는 그런 경우가 많다. 실험도구를 필요로 하는 과학자나 공장시설이 뒷받침되어야 하는 기술자들의 경우, 평생 자신의 분야를 즐기며 살아왔지만 은퇴 후에는 여건상 그것을 즐기기 힘들다.

물론 이러한 한계를 뛰어넘는 경우도 있긴 하다. 생물학을 전공한 B교수는 정년퇴직 후 한동안 지루하기 짝이 없는 나날을 보내야 했다. 현역시절에는 연구실에만 가면 얼마든지 실험을 즐길 수 있었지만, 집에는 실험기구가 없으니 딱히 할 일이 없었다. 좋아하는 일을 하지 못하니 점점 침울해지기까지 했다. 그런 남편을 지켜보던 부인은 고민에 빠졌다. 평생 연구실에서 살다시피 한 남편이 은퇴 후 매일매일 시간만 낭비하는 모습이 안타까웠던 것이다. 보다못해 부인은 엄청난 결단을 내렸다. 남편의 퇴직금과 그동안 저축한 돈을 몽땅 털어 집에 연구실을 만들어준 것이다. 부인은 값비싼 전자현미경까지 망설임 없이 구입했다. 당시 전자현미경을 소유하고 있는 개인은 국왕과 그 교수뿐이라는 소문이 돌 정도였다. 집에 연구실이 마련되자 교수는 하루도 빠짐없이 연구실에 틀어박혀 전자현미경만 들여다보았다. 평생 즐기며 해오던 일을 다시 시작하면서, 비로소 그의 여생은 만족스러운 시간으로 채워졌다.

이 이야기를 듣고 "그 부인 참 훌륭하네!"하며 감탄하지 않을 수 없었다. 아무리 배우자라고 해도 상대방의 삶을 위해 자신의 미래를 포기하며 헌신하기란 쉽지 않은 일이다.

한편, 자신의 여생을 위해 스스로 비용을 들여 환경을 만드는 사람도 있다. 지인 중에 전통가면 음악극인 노가쿠能樂를 무척 좋아하는 분이 있었다. 이공계 전공자였던 그는 은퇴 후에 본격적으로 노가쿠를 해보기로 마음먹었다. 그는 집 앞마당에 아예 노가쿠 무대를 만들었다. 앞마당에 세운 무대라고는 하지만 허술하게 약식으로 만든 것이 아니라 정식 규격에 맞추어 제대로 만든 무대였다. 좋아하는 일에 여생을 바치기로 작심하고, 그것을 오래 전부터 준비했기에 실행할 수 있었던 것이다. 생을 마칠 때까지 몇십 년 동안 그는 자신이 만든 무대에서 마음껏 춤을 추며 보냈다. 그에게는 더없이 행복한 여생이었을 것이다.

누구에게나 젊은 시절부터 꼭 한번 해보고 싶다거나 한번 배워보고 싶은 분야나 관심사가 있다. 그러나 대부분은 먹고사는 일에 쫓겨 욕구를 억누르며 세월을 보내기 마련이다. 그런 이들에게 여생은 더없이 좋은 기회다. 은퇴 후 여생은 의무에 얽매일 필요 없이 참아왔던 욕망을 마음껏 분출해도 되는 시간이다. 하고 싶은 게 있다면 죽을 때까지 실컷 해보자. 내가 좋아하고 즐길 수 있는 일이라면 범죄가 아닌 이상 무엇이든 상관없지 않은가. 마음껏 꿈을 펼치며 관심사를 즐기며 보내는 것, 그것이 바로 지적 여생을 보내는 비결이다.

11

# 자애는
# 가정에서 시작된다

모든 세대는 지난 유행을 비웃는다.
그러나 새 유행은 종교처럼 따른다.

— **헨리 데이비드 소로** Henry David Thoreau —

"지구도 좋지만 나를 좀 더 다정하게 대해줘."

환경보호와 관련된 자원봉사 캠페인이 한창이던 때에 어디에선가 이런 문구를 읽게 되었다. 그 순간 내 머릿속에는 이 글을 쓴 사람의 모습이 연상되었다. 주인공은 아마도 평범한 회사원이었으리라. 그는 아침 일찍 출근해서 상사의 눈치를 보느라 스트레스를 받고, 부하직원 때문에 속을 좀 썩고, 거래처에서 시달리느라 지칠 대로 지친 몸으로 집에 돌아올 것이다. 점심은 샌드위치나 김밥으로 간단하게 때우는 경우가 많겠지. 그렇게 한 주를 보내고 나면 주말에는 집에서 뒹굴며 모처럼 푹 쉬고 싶을 것이다. 아내와 함께 맛있는 요리를 해 먹으며 지친 마음을 포근하게 위로받고 싶을 것이다. 그런데 아내는 휴일 아침부터 서둘러 외출 준비를 하고 있다. 의아해하는 그에게 아내는 이렇게 말한다.

"환경운동단체에서 자원봉사가 있는 날이에요. 오늘 욕실 청소랑 정원 손질 좀 해줘요. 밥은 시켜 먹고요."

그리고는 정의감에 넘치는 표정으로 씩씩하게 집을 나선다. 혼자 덩그러니 남겨진 그는 아내의 뒷모습을 보며 이렇게 투덜거린다.

"지구 환경도 중요하지만 그 전에 집안 환경부터 제대로 돌봐야 되는 거 아니야?"

혹은 주인공이 여성일 수도 있을 것이다. 일주일 내내 회사일이 바쁘다는 핑계로 밤늦게 들어오던 남편이 주말까지 자원봉사를 하겠다고 나선다면, 아내 입장에서는 저런 말이 충분히 나올 법하다. 어쨌든 "지구도 좋지만 나를 좀 더 다정하게 대해줘."라는 문구에서 상대방의 관심을 갈망하는 누군가의 투정이 읽혀 내 나름대로 이런저런 상상을 해보았다.

젊은이들에게는 고리타분하게 들릴 수도 있겠지만, 나처럼 나이 든 세대 입장에서 보면 요즘의 자원봉사 열풍이 어쩐지 주객전도라고 느껴질 때가 종종 있다. 이른바 남을 위한 봉사활동에 나서느라 정작 자신의 가족이 필요할 때는 곁에 있지 못하는 경우가 많으니 말이다.

'볼런티어volunteer'라는 단어가 영어권에 등장한 시기는 17세기 초반이다. 이 단어는 처음에는 군사적 의미인 '자원병'을 뜻했다. 그러다가 '자원봉사자'들을 일컫는 의미가 된 것은 19세기에 들어서면서부터다. 그후 미국의 케네디 대통령이 1961년 평화봉사단을 만들어 젊은이들의 자원봉사를 독려하면서 볼런티어라는 말이 일반화되었다. 평화봉사단은 주로 개발도상국의 지원을 위해 파견된 전문인력이었는데, 1966년에는 52개국에서 1만 명이 넘는 자원봉사자가 참여할 정도로 규모가 커졌다. 한편, 일본에서 '자원봉사자'라는 말을 쓰기 시작한 것은 최근의 일이다. 약 50년 전에 미국에서 유행했던 말이 지금에서야 유행인 셈이다. 문득 학창시절 영어 교과서에 실려 있던 'Charity begins at home.'이라는 문장이 생각났다. '자애는 가정에서 시작된다.'는 뜻이다. 신약성서에는 이 말을 조금 더 구체적으로 풀어쓴 가르침이 있다.

"누구든지 자기 친족, 특히 자기 가족을 돌아보지 아니하면 믿음을 배반한 자요, 불신자보다 더 악한 자이니라.(디모데전서 5장 8절)"

여기에서 '돌아보다'라는 말은 '부양하다'라는 의미를 갖고 있다. 이를 대입해 다시 풀어 보면 '우선 친족, 특히 가족을 부양하는 데 소홀함이 없게 하라. 이것을 게을리하는 자는 믿지 않는 자보다 더 나쁘다.'라고 해석할 수 있을 것이다. 과거 유럽에서 이러한 잠언들이 성행했던 이유는 가족부양을 가장 중요한 의무라고 여겼기 때문이다. 이는 비단 유럽에만 해당되는 사안이 아니다. 그 시절에는 지구상의 모든 사회에서 가족을 부양하는 일이 당연한 의무였다. 유일하게 이 같은 의무에서 자유로울 수 있는 사람은 수도원에 귀의한 자들뿐이었다. 수도원의 수사들은 가족을 부양하는 대신 신에게 봉사한다는 의미로 평생 독신으로 지내거나 순교를 각오하고 외국으로 선교활동을 떠났다. 어떻게 보면 가족부양보다 더 힘든 의무를 따라야 했던 것이다.

현대 사회에 들어서면서 전통적인 가족제도의 모습이 점차 사라져가고 있다. 그런 점에서 나는 자원봉사의 유행속도가 가족제도의 붕괴 속도와 비례한다는 생각이 든다. 부모를 봉양하고 자녀를 돌보는 일에는 상당한 노력과 배려가 필요하다. 생각하기에 따라서는 무척 귀찮은 의무가 아닐 수 없다. 그렇기 때문에 전통적인 가족제도를 인정하고 받아들이는 정서적 환경이 뒷받침되지 않고서는 의무를 수행하기가 어렵다.

반면 자원봉사는 어떠한가? 자원봉사는 말 그대로 스스로 선택한 일이다. 결코 의무사항이 아니다. 그래서 가족부양에 비하면 무척 자유롭다. 자원봉사 활동의 특징은 언제든지 그만둘 수 있다는 점이다. 반대로 부모를 봉양하고 자녀를 키우는 것은 의무이기 때문에 어느 시기가 될 때까지 벗어나지 못한다. 이러한 의무보다 자유가 더 편하고 매력적인 것은 당연한 것이다.

가족부양의 의무를 당연하게 생각했던 과거에는 늙은 부모를 봉양하고 어린 자녀를 온전히 키우는 것을 최고의 덕목이라 여겼다. 그러나 요즘 같은 가족해체의 시대에는 낯선 풍경이 되어 버렸다. 고도경제성장과 사회복지정책의 확산은 개인주의적 핵가족화를 가능하게 해주었다. 이제 노인들은 연금으로 살거나 요양원이나 양로원에서 사회의 혜택을 받으며 산다. 덕분에 자녀들은 부양의 의무에서 벗어나 경제적으로 독립하여 따로 사는 경우가 많아졌다. 자녀들은 연로한 부모를 자주 찾지도 않고, 안부전화도 잘하지 않는다. 자녀양육에 있어서도 보육시설과 교육기관들이 가정의 역할을 나누어 맡고 있다. 양육과 교육에 들어가는 비용이 만만치 않아서 출산을 기피하는 현상이 나타나기도 한다. 독신일 때처럼 자유롭게 활동하고 싶다는 이유로 출산을 꺼리는 젊은 부부들도 증가하고 있는 실정이다.

나는 이 같은 시대적 상황이 자원봉사의 유행에 영향을 미친 것이 아닌가 싶다. 자원봉사 활동이 가족부양의 의무를 내팽개쳤다는 죄책감에서 벗어나게 해주었던 것이 아닐까? 가족제도가 붕괴되기 전 시대를 살아온 나 같은 세대의 시각에서는 그런 해석이 자연스럽게 떠오른다.

과거에 비해 육체노동의 기회가 줄어들었다는 것도 자원봉사를 가능하게 한 요인 중 하나일 것이다. 예전에는 일주일 동안 생업의 현장에서 육체적인 노동에 시달리고 나면 자원봉사라는 이름으로 또 다른 노동을 하기 어려웠다. 여성들의 경우에도 육아나 살림으로 인한 체력소모가 심해서 별도의 신체활동을 하기 힘들었다. 그러나 요즘에는 사무실 책상 앞에 앉아 보내는 시간이 대부분이다 보니 주말에 봉사활동에 나서서 육체노동을 할 수 있는 여력이 생겼다. 주부들 역시 육아와 살림의 부담에서 많이 벗어났기 때문에 자원봉사 활동에 적극적으로 나설 수 있게 되었다. 자원봉사 열풍에서 젊은이들의 세태와 사회환경의 변화를 느끼지 않을 수 없다.

12

# 자원봉사는 여생을 위로한다

일단 하나의 인생길에 헌신하기로 결심을 했다면
세상에서 가장 강력한 힘의 후원을 받은 셈이다.
우리는 그것을 '마음의 힘'이라 부른다.

— **빈스 롬바르디** Vince Lombardi —

나는 예전에 장모님을 모시고 살았다. 아내는 장모님이 아흔두 살의 연세로 돌아가실 때까지 정성껏 뒷바라지를 하면서 세 아이를 키웠다. 우리는 양가 부모님의 여생을 책임지기 위해 열심히 일했고, 아이들의 교육비를 마련하기 위해 노력했다. 독일로 유학을 떠나기로 결심했을 때 나는 대학 조교수에 불과했다. 모아 놓은 돈도 없었고 유학 중에는 월급이 제공되지 않아 경제적인 난관에 부딪힐 수밖에 없었다. 결국 부족한 수입을 보충하기 위해 파트타임 아르바이트를 해야 했는데, 다행히 아르바이트를 하던 학원에서 호의를 베풀어 다달이 생활비를 빌려주었고, 부모님께 용돈을 보내 드릴 수 있었다. 물론 덕분에 유학을 마치고 귀국해서는 빌린 돈을 갚기 위해 월급의 절반을 내놓아야 했다.

인생의 중반에 접어들었을 무렵에는 아이들의 교육을 위해 수입의 대부분을 지출해야 했다. 아이들은 각자 꿈이 있었고, 부모로서 그 꿈을 이룰 수 있도록 도와주기 위해서는 적지 않은 교육비가 들어갔다. 빠듯한 형편에 유학까지 보냈으니 경제적 부담이 상당히 컸다고 할 수 있다.

그렇다고 해서 내가 유별난 부모는 아니었다. 그 시절을 보낸 나와 같은 세대들의 보편적인 모습이라 해도 좋을 것이다. 과거에는 가족에 대한 의무감이 요즘보다 확실히 강했다. 가정에 충실한 삶을 살아가야 했기 때문에 세상에 대한 관심은 상대적으로 적을 수밖에 없었다. 아이들이 출가할 때까지 아내와 나는 자원봉사라고 부를 만한 자리에 나갔던 기억이 없다. 우리는 가족에 대한 의무를 다하는 것으로 우리 집안 울타리에서 자원봉사를 했던 것이다. 그러다가 부모에 대한 부양의 의무와 자녀양육의 의무를 내려놓게 된 최근에 자원봉사에 대한 관심이 생기기 시작했다.

독특한 통찰력으로 유명했던 철학자 칸트는 '실천하지 않더라도 비난을 받거나 처벌을 당하지는 않지만, 만약 실천한다면 칭찬받는 행위'를 가리켜 '불완전의무'라고 정의했다. 나는 자원봉사도 이와 같은 의미를 지닌다고 생각한다. 가족부양처럼 불가피하게 지워진 짐이 아니라 스스로 선택한 의무이기 때문에 한결 맘 편하게 실천할 수 있다. 실천하면 스스로도 만족스럽고 칭찬까지 받는 행위, 만약 실천하지 않더라도 비난을 받지 않는 행위, 그것이 바로 자원봉사인 것이다.

반면 우리 세대가 가족부양을 해온 것처럼 반드시 이행해야 하는 의무는 '완전의무'라고 할 수 있다. 가족을 보살피지 않으면 의무를 다하지 않았다는 비난을 받아야 했지만, 어려운 형편에도 고생스럽게 그러한 의무를 다했다 하더라도 칭찬이 따르지는 않았다. 스스로는 물론이고 남들이 생각할 때도 그저 마땅히 해야 할 일을 한 것뿐이었다.

요즘 정년퇴직 후에 자원봉사 활동에 나서는 사람들이 늘어나고 있다. 여생의 시간을 사회를 위해 공헌하며 의미 있게 쓰고자 하는 것이다. 이러한 은퇴세대는 진정으로 자원봉사에 어울리는 세대라고 할 수 있을 듯하다. 그들이 자원봉사에 나설 때의 태도와 마음가짐은 젊은이들보다 한층 더 진지할 수밖에 없다. 그들은 힘들고 고달프다고 해서 '이번 주는 빠져야지.'라고 쉽게 생각하지 않는다. 평생 동안 '완전의무'를 다해온 사람들이기 때문이다.

은퇴 후의 자원봉사는 여러모로 장점이 많다. 누군가를 위해 봉사를 한 뒤 칭찬받거나 격려받는 것이 조금은 낯설지도 모르지만, 젊은 시절 해냈던 성실한 의무이행에 대한 뒤늦은 평가라고 생각할 수도 있다. 또한 의무감이라는 무거운 짐 없이 편안하게 해나갈 수 있는 봉사에서 순수한 기쁨도 맛볼 수 있다. 각자의 삶을 바쁘게 살아가고 있는 자식들은 부모의 기다림을 알지 못하고 늦게까지 들어오지 않는다. 그 시간에 나의 손길을 필요로 하는 현장에 나가 이웃들과 마음을 나누며 따스한 정을 느끼는 것에서 행복감을 얻을 수 있다. 아무런 이해관계가 없어도 서로 주고받는 땀과 마음이 여생을 따뜻하게 위로해줄 것이다. 그런 의미에서 자원봉사는 여생에 함께할 좋은 벗이 될 만하다.

13

# 종교적 관심은 여생의 시간과 함께한다

내게 신이란 우주만물에 대한 나의 경외감이다.

— **알버트 아인슈타인** Albert Einstein —

개신교의 대표적인 학자였던 N선생은 100세가 넘도록 장수를 누린 분이다. 그분이 100세가 되던 해에 만나뵐 기회가 있었는데, 내게 이런 말씀을 하셨다.

"95세 이후로는 죽어서 신 앞에 서게 된다는 생각마저 하지 않게 되었소."

95세쯤 되면 세상에 대한 미련이 사라지는 것일까? 그는 95세가 넘으면서 신에게 의지하려는 마음도, 죽음에 대한 공포도 느껴지지 않게 되었다고 했다. 나는 그 이야기를 들으면서 고된 수행을 한 고승이 어렵사리 도달한 '깨달음의 경지'와 비슷하다고 생각했다. 사람이 오래 살면 노력하지 않아도 그러한 경지에 이르는가 싶어 감탄했다. 그 이후 나도 95세까지 살아서 그런 경지를 느껴보고 싶다는 생각을 하게 되었다.

N선생은 신학과 철학을 전공한 학자였다. 그는 신의 존재를 탐구하며 자신의 종교인 기독교뿐 아니라 불교 등 다른 종교에 대해서도 공부했다. 선생에게는 지적 흥미의 대상이 신과 부처와 종교였고, 이는 평생 동안 탐구해야 할 거대한 담론이었다. 그가 100세가 넘는 나이에도 지적 생활을 유지할 수 있었던 데에는 신학이라는 학문이 큰 기여를 했을 것이다. 더욱이 기독교든 불교든 경계를 두지 않고, 모든 종교와 문화에 관심을 가지고 탐구하는 과정에서 자연스럽게 깨달음의 경지에 도달하지 않았을까 하는 생각이 든다.

나 역시 나이가 들수록 종교에 대한 관심이 커지고 있다. 젊은 시절에는 고리타분하게만 느껴졌던 교리들이 점점 마음에 와닿는다. 세월은 인간을 '생명에 대한 경외'와 '삶에 대한 본질적 의문'이라는 철학적인 과제로 인도한다. 하지만 자연과학은 이런 의문에 속시원한 해답을 내려주지 못하고 있다. 그래서 과학 너머의 것에 관심을 갖게 되는 것이다.

《바보의 벽》의 저자이자 해부학자인 요로 다케시養老孟司 씨는 이런 말을 했다.

"인간은 로켓을 우주로 쏘아 올릴 수는 있지만 대장균을 만들어내지는 못한다. 하물며 인간이라는 기적과도 같은 생물에 대해 무엇을 안다고 할 수 있을까."

진화론을 비롯해 인간의 출현에 대한 가설들은 수세기 동안 수없이 제기되어왔다. 하지만 궁극적인 진실은 아직도 밝혀내지 못한 부분이 더 많다. 인간을 하나의 대상으로 문제를 제기했을 때 자연과학은 무기력할 뿐이다. 이 때문에 인류는 항상 초자연적인 현상에 빠져들었고, 이는 자연과학자들도 예외가 아니었다. 영국의 대물리학자이며 수학자였던 아이작 뉴턴Isaac Newton도 그러했다. 뉴턴이 사업가였으며 영국조폐국장이었다는 사실을 아는 사람은 많지 않을 것이다. 그는 자연과학을 공부하며 '돈'과 같은 현실적 가치를 좇았던 사람이다. 그런 뉴턴조차도 말년에는 신비적이고 초자연적인 현상에 흥미를 갖고 본격적인 연구를 시도했다.

종교는 사람들을 매료시키는 힘이 있다. 일본의 경우에는 불교에 흥미를 보이는 비율이 60세 이후부터 급격하게 늘어난다. 젊은 시절에는 관광지에서 절을 구경하거나 장례식에 참석해서 불교를 체험하는 게 고작이었던 사람들이 나이가 들면서 제 발로 불교를 찾는다. 나이 든 사람들이 불교에 관심을 갖게 되는 이유는 전통적인 관습에 회귀함으로써 평안을 찾고자 하는 인간의 본능 때문이다. 이는 비단 일본만의 현상은 아닌 듯하다. 유럽에서도 고령자들이 기독교에 회귀하는 비율이 상당히 높다고 하니 말이다.

이런 이유에서인지 일본에서는 불교 관련 서적이 꾸준히 팔리고 있다. 유명 소설가들 가운데 불교 관련 서적을 낸 사람들이 종종 있는데, 이들의 일반 소설은 읽어본 적이 없지만 불교 관련 서적은 읽어봤다고 대답하는 장년층이 적지 않다. 일본의 경우만 본다면 중년 이후 세대에게 불교는 상당히 매력적인 지적 생활의 화두라고 할 수 있을 듯하다.

은퇴 후에 경문經文을 베껴쓰는 사경寫經 작업을 하는 사람들도 많다. 오래된 경문을 손으로 베끼는 일은 그저 단조롭고 지루한 작업의 반복으로 보인다. 하지만 사경 작업은 그 이상의 의미가 있는 일이다. 단순히 글자만 베끼는 것이라면 금방 싫증이 나겠지만, 평소 관심이 있던 종교의 경전이라면 마음가짐이 달라진다. 한 구절 한 구절 흥미롭게 느껴져 결코 지루하지 않고 진지해진다. 그러한 작업과정은 생명과 우주에 대한 질문과 답을 찾아가는 시간이다. 지적인 활동으로 더없이 좋은 것이다.

길어진 여생 동안 종교에 깊이 파고드는 것도 지적 여생을 보내는 방법 중 하나다. 불교든 기독교든 천주교든 어떤 종교라도 좋다. 이때의 핵심은 '신앙심'이라기보다 '종교심'이다. 믿음이 생기지 않더라도 괜찮다. 단지 종교에 대해 궁금했거나 흥미로운 소재를 꾸준히 파고드는 것이다. 하지만 경전과 교리를 철저하게 학습하라는 뜻은 아니다. 중요한 것은 종교가 주는 지적 자극이므로, 오랜 시간 관심을 갖고 사유하고 관찰하는 것이 더 필요할 것이다. 종교는 오랜 세월을 붙잡고 있어도 여간해서는 지루해지지 않는다. 그런 점에서 30년, 40년 계속되는 여생의 시간 동안 줄곧 함께할 수 있는 좋은 화두이다.

14

# 죽음에 대한 불안을 지적 자극으로 삼아라

세상의 역사는 자기 자신에 대한 신념을 잃지 않은 몇몇 사람들의 역사다. 그러한 신념이 내부의 신성을 불러내며, 그 어떤 일이든 할 수 있게 한다.

— 스와미 비베카난다 Swami Vivekananda —

은퇴를 하고 나면 지금까지 살아온 삶을 돌아볼 수 있는 여유가 생긴다. 그동안은 일터와 가정의 다사다난한 일들로 머릿속이 복잡했는데, 이제는 그런 귀찮은 생각은 다 버리고 오직 나만의 삶을 바라볼 수 있게 된다. 그리고 문득 돌아보면 지금까지 살아온 기나긴 여정에 비해 남아 있는 세월이 너무나도 짧다는 것을 깨닫게 된다. 자연스럽게 '죽음'이라는 글자가 떠오르기 때문인지도 모른다. 남의 일처럼 여겨졌던 죽음이 어느새 이토록 가까이에 있었음을 깨닫고 회한에 잠기게 된다.

인생이 끝난 후에는 어떻게 되는 것일까? 죽음의 공포로부터 벗어나려면 어떻게 해야 되는가? 나 역시 이러한 새로운 고민들에 사로잡힌다. 죽음 앞에서 "흙에서 태어난 몸, 흙으로 돌아가는 게 당연하지."라며 달관할 수 있는 사람은 거의 없을 듯싶다. 육체가 흙으로 돌아가는 것은 분명한데, 영혼은 어떻게 되는 것일까? 영혼까지 흙으로 돌아가지는 못할 텐데 육체와 영혼은 어디가 어떻게 다른 것일까? 이런 질문들이 머릿속을 떠다니며 그동안 경험해본 적 없는 낯선 방황에 이끌리게 된다.

나이가 들면 젊은 날의 현실적인 고뇌와는 다른 심원한 고뇌와 불안 앞에 직면한다. 앞으로의 인생, 그리고 이후에 찾아올 죽음을 응시하며 살아가는 것이 나이 든 사람들의 운명이다.

방황하는 마음을 잡아주고 잡념을 떨쳐준다는 점에서 종교는 최적의 화두라고 할 수 있다. 종교는 고매하면서도 심원한 무언가를 추구하게 만들어주는 지적 자극이 된다. 아무리 공부하고 다가가도 확신할 수 없고, 사실 확인도 안 되는 것이 종교라고 할 수 있다. 그러니 끝없이 파고들 수 있는 탐구대상이 될 수 있는 것이다.

예를 들어 《반야심경》의 '색즉시공공즉시색色卽是空空卽是色' 같은 구절을 보자. 누구나 한 번쯤 들어본 유명한 구절이지만 이것이 정확히 어떤 뜻이며, 어떤 상황에 해당하는지에 대해서는 해석이 분분하다. 누구도 명쾌하게 말하지 못한다. 그래서 이 한 구절이 얼마나 다양한 해석을 낳는지 모른다. 누군가 해석하면 한동안은 그 말이 진리인 것처럼 받아들여지다가도 다른 누군가가 반대의 해석을 내놓으면 또 그쪽으로 귀가 쏠린다. 때로는 교리에 정통한 전문가의 해석을 참고하지 않고서도 내 나름대로 이해할 수 있다. 무슨 뜻인지 알 듯하면서도, 사실은 명확히 단정할 수 없기 때문에 생각이 꼬리에 꼬리를 물고 결국 헤어나오지 못하게 된다.

다양한 해석이 가능하고, 그때그때 이해와 깨달음의 희열이 있고, 한편으로는 가르침이 필요하기에 매순간 새롭고 여러 번 읽어도 지루하지 않다. 그런 의미에서 종교는 마르크스의 주장처럼 '마약'인지도 모르겠다. 한번 빠져들면 쉽게 해방되지 못하니 말이다. 앞날이 막막한 사람에게 종교를 권하는 이유가 여기에 있다.

여생의 시간 동안 무엇을 해야 좋을지 모르겠다면 종교를 하나의 길로 삼고 걸어가는 것도 대안이 될 수 있다. 불교든 기독교든 정상적인 교리를 완성한 종파라면 무엇이든 상관없다. 오랜 역사와 더불어 성숙된 교리를 갖춘 종교라면 유연성을 갖추었기에 배타적이지 않다. 지적 여생을 위해 종교에 접근해보라고 권하는 까닭은 종교의 힘을 빌려 지적 자극을 느껴보라는 것이지 배타적인 초자연주의에 집착하라는 뜻은 결코 아니다.

종교에 대해 배우면 배울수록 그 종교가 지닌 철학적 심원함에 다가설 수 있을 뿐만 아니라 부수적인 지식도 얻게 된다. 기독교를 공부한다면 지금까지 서구문화에 대해 가지고 있던 편견이 사라질 것이다. 이해하면 이해할수록 못 보고 지나쳤던 삶의 가치들과 마주하게 될 것이며, 한 발 더 나아가 서구문화나 외국어 등으로 지적 자극의 영역이 확대될지도 모른다.

한 노학자는 100세의 나이에도 밤늦게까지 철학과 신학 논문을 읽는 것이 가장 큰 축복이라 고백했다. 진지한 지적 탐구의 세계에서 흥미를 느껴본 사람이라면 누구에게라도 가능한 일이다. 또한 이것이 바로 지적 여생이 아니겠는가.

15

# 우물 밖에 세계를 알아야 인생을 알 수 있다

신념은 보지 못한 것을 믿는 것이며,
그 신념에 대한 보상은 믿는 것을 보게 된다는 것이다.

— 성 아우구스티누스 Aurelius Augustinus —

'우물 안 개구리'라는 말이 있다. 우물 안에만 사는 개구리에게는 그 우물이 세상의 전부처럼 느껴진다. 마찬가지로 벌레는 나무가 세상의 전부라고 굳게 믿는다. 예컨대, 송충이는 소나무에서만 살아간다. 아무리 맛있는 활엽수 잎이 있어도 송충이는 먹지 못한다. 그런 송충이에게 있어서는 자기가 살고 있는 소나무만이 세계의 전부다.

비단 개구리나 송충이뿐만 아니라 다른 생물 역시 마찬가지다. 코끼리의 피부에 달라붙어 사는 기생충에게는 코끼리 피부의 주름진 곳이 세상의 전부다. 기생충은 하물며 코끼리가 어떻게 생긴 짐승인지조차 모를 것이다.

벌레의 입장에서 바라보는 세계처럼, 인간이 아닌 동물의 시점에서 세계를 고찰하고자 '시점의 전환'을 주장한 인물이 있다.

윅스퀼Jacob von Uexkull이라는 독일의 동물학자이다. 철학사에서 어떻게 다루어질지는 모르겠지만, 나는 그의 업적이 인간의 사고체계를 크게 확대시켰다고 생각한다.

이 시점에서 일본에서 유명한 기다 겐木田元 씨의 이야기를 하지 않을 수 없다. 기다 겐 씨는 독일의 철학자 하이데거Martin Heidegger에 관한 한 일본 최고의 권위자다. 그를 생각하면 인연이란 참으로 재미있는 것이라는 생각이 든다. 알고 보니 그와 나는 아주 오래 전에 같은 지역에 살았다. 나는 고등학교에 다녔고, 그는 우리 지역에 있는 대학에 다니던 시절이었다. 언젠가 그에 관한 기사를 읽으면서 알게 된 사실인데, 우리는 즐겨 다니던 고서점도 같았다. 아마도 몇 번쯤은 그곳에서 마주쳤을지도 모른다. 그는 그 서점에서 하이데거의 《존재와 시간》을 읽고 철학자가 되기로 결심했다고 한다. 한편, 나는 같은 서점을 드나들면서도 사사키 쿠니佐佐木邦의 《진타로 일기》나 요시카와 에이지吉川栄治의 《삼국지》같은 대중소설들만 읽었다. 같은 서점 안에서도 그가 발견한 세계와 내가 발견한 세계가 크게 달랐던 것이다.

기다 겐 씨가 하이데거를 진정으로 이해하게 된 것은 하이데거가 윅스퀼의 동물학에 영향을 받았다는 사실을 알게 되면서부터라고 한다. 하이데거의 철학에도 앞서 말한 것과 같은 개념이 있다. 인간은 결국 그 자신이 알고 있는 세계 내의 존재라는 것이다. 어차피 인간도 자신이 인식하고 있는 세계만이 이 세상의 전부라 생각하며 살아간다. 우주를 품고 있는 듯 보이지만, 따지고 보면 인간도 코끼리의 주름진 피부 속에 살고 있는 기생충과 다르지 않다는 것이다.

인간이 살아가는 세계란 결국 인간의 오관伍官이 인지하는 구체적인 세계다. 인간은 가로, 세로, 깊이로 측정되는 3차원의 공간 안에서 살아간다. 거기에 시간이라는 조건을 하나 더 넣더라도 고작해야 4차원의 세계다. 그렇기 때문에 5차원과 6차원의 세계가 어떤 모습인지 우리는 상상할 수 없다. 상상할 수 없기 때문에 존재하지 않는 세계라고 여기고 있는 것이다.

그러나 인간이 코끼리 피부 속에 살고 있는 기생충과 다른 점이 있다. 인간은 자신이 오관의 세계 내에 존재하고 있음을 스스로 알고 있다는 점이다. 즉, 우물 안에 살아가고 있다는 것을 자각하고 있다. 인간은 그것을 알고 있기에 그곳에서 탈출하려는 시도를 한다. 종교라는 것도 바로 그런 시도 중 하나다. 각각의 종교에서 신봉하는 신은 우리가 자각하고 체감하는 세계를 넘어선 초월적인 존재다. 그렇기 때문에 우물 밖의 세상으로 존재를 확장시키고 싶은 인간은 종교라는 무한의 세계에 빠져드는 것이다.

때로는 종교가 아니라 무속의 세계에 빠져드는 사람들도 있다. 언젠가 한 무속인으로부터 내 전생에 관한 이야기를 들은 적이 있다. 그는 전생에 나의 영혼이 벤자민 프랭클린과 헤이안 시대의 시인인 아리와라노 나리히라在原業平라고 했다. 내가 좋아하고 존경하는 사람들이었기 때문에 무척 기쁘기는 했지만, 그의 말을 곧이곧대로 믿을 수는 없었다. '믿거나 말거나'라고 하지만, 이 같은 무속의 세계 역시 우물 안과 같은 인간의 인식 세계를 완전히 초월하고 있다는 점에서는 나름대로 신비로운 가치가 있는 듯하다.

많은 이들이 해부학적인 제한 속에서 인간이라는 존재를 이해한다. 다시 말해 영혼의 세계를 쉽게 인정하지 않는다는 것이다. 해부학자 중에는 영적인 세계를 인정하지 않는 사람들이 많은데, 아무리 해부하고 관찰해도 영혼은 확인할 수 없기 때문이다. 최첨단 현미경과 최신 과학을 동원한다고 해서 눈에 보이지 않는 영혼의 존재를 규명할 수 있겠는가.

젊은 시절부터 나의 사고체계에 상당한 영향을 끼친 책이 한 권 있는데, 바로 파스칼의 명저 《팡세》다. 파스칼에 대한 철학자들의 연구서를 몇 권 읽었는데, 솔직히 여간 실망스럽지 않았다. 그들은 파스칼의 철학을 눈에 보이는 세계 안에서만 해석하고 있었다. 하지만 파스칼은 기적을 체험한 사람이었으며, 그 기적의 체험을 바탕으로 《팡세》를 썼다. 비록 실험물리학의 시조라고 불리는 학자였지만, 파스칼은 과학의 영역을 넘어 영혼의 세계까지 인정했던 사람이었다.

외과의사이자 노벨생리학·의학상 수상자인 알렉시스 카렐 Alexis Carrel도 과학자였지만 과학 이상의 초월적인 세계를 인정한 학자 중 한 사람이다. 그는 의학적인 상식으로는 도저히 회복할 수 없다고 판단했던 중병환자가 순간적으로 치유되는 것을 목격했다. 그리고 누군가가 자신을 위해 기도하고 있음을 전혀 눈치채지 못한 환자가 타인의 기도에 의해 치료되는 기적을 경험했다. 이는 과학적으로 도저히 설명하기 힘든 현상들이다. 이런 경험을 통해 그는 과학적으로 규명할 수 없는 영적인 세계를 인정하게 되었다.

이렇듯 인체의 신비는 해부학적인 제한, 즉 과학이나 의학의 영역을 초월할 때가 있다. 인간은 영혼을 지니고 있기 때문이다. 인간을 일컬어 '만물의 영장'이라고 부른다. 이 말에는 우리가 해부학적으로 설명할 수 없는 세계와 연결되어 있음을 의미하는 뜻이 담겨 있다. 인간에게는 이미 우리가 알고 있는 이른바 '우물 안의 세계'와 확실히 밝혀낼 수는 없지만 분명히 존재하는 '우물 밖의 세계'가 있다. 그것을 인정하는 것은 인간이라는 우주를 이해하기 위한 출발점이다. 또한 삶과 죽음에 대한 이해의 시작이기도 하다.

16

# 인생의 가을에 필요한 풍요로운 열매

성공은 마음의 평화이며, 마음의 평화란 도달할 수 있는
최상이 되기 위해 최선을 다했음을 아는 데서 오는 자기만족의 결과다.

— 존 우든 John Wooden —

사람들은 인생을 계절에 비유하곤 한다. 새싹이 돋아나는 봄날은 유년에, 녹음이 무성한 여름은 청년에, 낙엽이 지는 가을은 인생의 후반을 맞이하는 세대에 비유한다. 여름 내내 울창했던 숲도 가을이 무르익으면 낙엽을 떨어뜨리게 되고, 이내 쓸쓸하고 허전해진다.

일본어 표현에 "아키(秋: 가을)는 아키(空き: 빈 곳)다."라는 말이 있다. 가을에 낙엽이 떨어져 숲에 빈 곳이 생긴다는 의미다. 그런데 공교롭게도 '가을'을 뜻하는 말과 '빈 곳'을 뜻하는 말은 발음

이 같다. 이는 '빈 곳'의 모습에서 '가을'이라는 단어가 유래했기 때문이라고 한다. 나뭇잎이 떨어져서 만들어진 상황이 '빈 곳'인데, 나뭇잎은 어쨌든 가을이 되어야 떨어지므로 '가을'과 '빈 곳'이 연결된다는 주장이다.

북반구의 아한대亞寒帶 지역 주민이라면 쉽게 연상되는 장면들이다. 그래서일까. 영어의 가을도 일본어와 비슷한 형성과정을 거쳤다. 영어로 가을은 'fall'인데, '떨어지다'라는 뜻의 'fall'과 스펠링이 일치한다. 즉, 낙엽이 '떨어지는fall' 데서 '가을fall'을 발견한 것이다.

'가을'의 어원으로 또 한 가지 유력한 학설은 '수확'과 관련된 것이다. 가을이 되면 나무는 열매를 맺고 곡식은 익어간다. 이른바 결실의 계절이다. 풍성한 수확의 기쁨을 맞게 된 사람들은 '질릴(아키飽き)' 때까지 먹어댄다. 그래서 가을을 '질리다, 싫증나다'는 뜻을 가진 단어의 발음에서 따와 '아키'라고 부르게 되었다는 것이다. 다시 말해 가을 추수기에 배불리 먹은 사람들의 기쁨에서 연상된 단어라는 주장이다.

낙엽이 지는 시기와 곡물의 수확 시기는 동일하다. 따라서 낙엽이 떨어져 숲이 '텅 빈 곳'이 된 상태에서 파생되었든, '수확'에서 파생되었든 '가을'이라는 계절을 묘사하기에는 모순됨이 없다.

그런데 일본어에서 표현하는 '가을'이라는 단어가 주는 인상은 '수확'의 느낌보다는 '허전함'이 더 크다. '인생의 가을' 같은 표현을 봐도 그렇다. 우리는 잎이 떨어진다는 '애달픔'에서 가을이라는 계절감을 이해한다. 반면 영어에서 '수확'을 뜻하는 'harvest'는 좀 더 긍정적이다. 영시에서 이 단어는 두 가지 상반되는 비유로 자주 표현되곤 하는데, '성숙'이라는 본래적 의미와 '몰락'이라는 정반대의 의미로 사용된다. 성숙해져 열매를 맺으면 이를 수확하게 되는데, 그와 동시에 '몰락'이 시작된다. 탐스럽게 매달린 과실들을 수확하고 나면 앙상한 가지만 남아 있지 않던가. 풍성하게 무르익은 황금 들녘도 수확 후에는 쓸쓸해진다. 시인들은 바로 이 점을 놓치지 않았던 것이다.

'성숙'이 긍정적인 이미지라면 '몰락'은 부정적인 이미지다. 같은 단어를 두고 어디에 더 무게를 둘 것인지는 시인 자신이 결정하는 것이다. 인생의 가을을 어떻게 받아들일 것인지도 마찬가지다. 우리 자신이 결정하기 나름이다. 그런데 그 결정에 따라 여생을 대하는 자세가 달라진다. 인생에서 열매를 맺는 시기는 장년을 거쳐 노년으로 접어드는 시기다. 사회적으로 공을 이루어 명성을 얻지는 못했더라도 자신의 분야에서 최선을 다했다면 그에게 다가오는 인생의 가을은 '성숙'의 가을이 될 확률이 높다. 그러나 스스로 인정할 수 있는 것 하나없이 세월만 보내왔다면 인생의 가을은 말 그대로 '빈 곳'으로 느껴질 것이다. 날이 갈수록 낙엽이

질 뿐이다.

내 나이가 되면 인생의 가을은 또 다른 얼굴을 보여준다. '아키(空き: 빈 곳)'의 '아키(飽き: 포화)'다. 빈 곳이 너무 많아지는 것이다.

동창회 명부에도 빈 곳이 수두룩하다. 3분의 1이 넘는 동기들이 이미 세상을 떠나 한때 빼곡했던 인명록에는 이제 빈 공간이 더 많다. "아, 그 녀석도 죽었군." 하고 혼잣말을 하게 될 때가 점점 많아지면서 삶의 애달픔이 시시때때로 느껴진다.

이와는 약간 다른 '아키(飽き: 싫증)'도 있다. 인생이 싫증나는 것이다. 젊은 시절 악착같이 부를 키워온 사람이라 해도 이 나이쯤 되면 억대의 돈조차 우스워진다. 돈을 짊어지고 죽을 것도 아니니 수억 원씩 내고 최고급 실버타운에서 여생을 보내지만, 문제는 그것이 그리 즐겁지 않다는 것이다. 식욕도 줄어들기 때문에 일류호텔처럼 호화로운 식사가 제공된다 해도 예전처럼 즐겁지가 않다. 오히려 이를 참고 먹어야 한다는 게 고역이 될 수 있다. 그런 생활이 반복된다면 사는 게 금세 지겨워지게 마련이다. 이쯤 되면 인생 그 자체가 싫증나는 것이다.

계절의 가을도, 인생의 가을도 텅 비고 지겨워지는 일들이 늘어난다. 조금은 서글프지만, 그것이 자연의 섭리인 것을 어찌하겠는가.

그래서 인생의 가을을 성숙하고 풍요롭게 느끼기 위해서는 살면서 최선을 다해 이루어놓은 것들이 있어야 한다. 이것이 인생의 가을에 열매가 필요한 이유다. 은퇴 후 평온한 마음으로 젊은 시절에 이루어온 모든 것들을 돌아보는 즐거움, 그것이 인생의 승리자만이 얻을 수 있는 값지고 소중한 열매다.

17

# 세월의 흔적을 지나고 나서야 보이기 시작하는 것들

진실하고 헌신하는 기여의 힘을 아는 자만이 인생의 가장 뜻 깊은 기쁨,
즉 진정한 성취감을 경험한다.

— **에이브러햄 링컨** Abraham Lincoln —

언젠가 은사 한 분이 이런 말씀을 하셨다.

"남자들은 젊은 시절에는 아름다운 여성에 반하지. 얼굴이 예쁘고 귀엽다거나, 몸매가 좋다든가 하는 외모에 집착하거든. 그런데 막상 결혼하고 나면 아름다운 외모가 무의미하다는 것을 알게 된다네. 겉모습이 아름다워도 지성과 지혜가 부족하면 함께 살기 힘들다는 것을 금세 깨닫게 되는 거지. 나이가 들수록 남자는 체력적으로도, 정신적으로도 여유가 사라진다네. 그때가 되면 배우자로서는 상냥한 여성이 가장 좋다는 것을 깨닫게 되지. 젊었을 적에는 나도 이런 문제에 대해서는 조금도 생각해보지 않았다네. 그런데 인생의 가을이 되고 나니 젊은 시절 중요하게 생각했던 것들이 실은 아무것도 아니었음을 알게 되었지. 배우자를 선택할 때 겉모습은 중요하지 않다는 내 말도 지금은 받아들이고 싶지 않겠지만, 인생의 가을이 오면 분명하게 깨닫게 될 것이네."

은사의 말에는 농담과 진담이 섞여 있었지만, 생각해보면 여성뿐만 아니라 모든 사물에 적용이 가능한 진리인 듯하다. 나이가 들고 보니, 젊은 시절에 내가 가졌던 취향이 놀라우리만큼 달라지는 경우가 많다. 예컨대, 더위와 추위만 해도 그렇다. 젊었을 때는 일하느라 바쁘고, 노느라 바쁘고, 결혼생활에 바빠서 계절의 변화를 만끽할 수 있는 겨를이 없었다. 날씨가 더워지면 얇은 옷으로 갈아입으며 '이제 여름이구나.' 하고 생각했고, 쌀쌀해지면 코트를 챙겨 입으며 '이제 겨울이구나.' 하고 생각했다. 봄과 가을은 젊은 나에게 단풍과 벚꽃의 차이에 불과했다.

그렇게 계절에 무심했던 내가 이제는 작은 변화에도 무척 민감해지는 것을 느낀다. 계절이 바뀌는 것도 결코 단순하게 느껴지지 않는다. 도쿄의 여름은 아주 덥다. 예전에는 더운 날이 계속되다가 어느 날 갑자기 공기가 차가워지면 가을이 오는 것이라고 생각했다. 그러나 그게 아니었다. 날씨는 여전히 무덥지만 간혹 불어오는 바람이 선선하게 느껴질 때가 있다. 집 근처 공원의 나무에서 떨어진 나뭇잎이 바람을 타고 우리집 연못까지 날아와 작은 파문을 일으킨다. 이런 날에는 불현듯 가을이 다가오고 있음을 느낀다.

나이가 든다고 해서 무조건 계절과 자연의 변화를 예민하게 받아들이는 것은 아니다. 여기에는 세월의 흔적이 필요하다. 많은 일들을 경험하면서 쌓인 지혜와 쇠약해진 육체, 그런 것이 내 몫이 될 때 어느 날 갑자기 보이지 않던 것들이 보이기 시작하는 것이다. 그런 것을 보면 나이 들지 않고서는 결코 볼 수 없는 것들이 있는 듯하다.

나는 눈이 많은 지방 출신이라서 그런지 가을보다는 봄을 더 좋아한다. 어느 시인은 봄과 가을을 비교하는 시구에서 '아름답게 물든 단풍을 손에 쥘 수 있어 가을이 좋다.'고 노래했지만, 나에게는 전혀 공감할 수 없는 이야기다. 어렸을 적 기억을 떠올려보면 가을바람이 불던 날 아침이면 어머니는 "아, 정말 싫다."라고 투덜거리셨다. 곧이어 닥칠 겨울을 준비해야 했기 때문이다.

지금은 상황이 많이 달라졌지만 옛날 사람들은 가을부터 겨우살이 준비에 바빴다. 우리 어머니도 찬바람이 불기 시작하면 "이것도 해야 하고, 저것도 해야 한다."면서 눈코 뜰 새 없이 바삐 움직였다. 겨우내 먹을 채소절임을 만들어야 했고, 긴 겨울 연료로 사용할 숯도 넉넉히 저장해야 했다. 이불만 해도 솜이불로는 추위를 막아내기 역부족이었기 때문에 벼와 보릿짚을 넣은 이불을 하나 더 준비했다. 날씨가 화창한 가을날이면 시원한 바람과 높은 하늘을 바라보면서 가을을 만끽하는 것이 아니라 강변으로 나가 벼를 바짝 말려 홑청에 넣어야 했다. 어린 나는 강가에서 놀 생각에 잔뜩 들떴지만, 어머니에게 가을날들은 온종일 고된 작업의 연속이었다. 이처럼 겨우살이 준비로 힘겨운 가을이었기에 내 고향 사람들에게 가을은 환영받지 못하는 계절이었다. 그러다 겨우내 쏟아지던 눈이 사라지고, 얼어붙은 눈덩이 밑에서 가느다란 물줄기가 올라오면 사람들의 얼굴에는 비로소 웃음꽃이 피어났다. 다가오는 봄을 느끼며 모두들 더없이 행복해했다. 언제나 똑같이 찾아오는 계절이지만 이처럼 누군가에게는 즐거움이, 누군가에게는 고달픔이 되어 삶에 영향을 미치고 파문을 일으킨다. 그런 걸 보면 세월의 흔적이란 고달픔 뒤에 오는 달콤한 행복으로 이루어지는 것이 아닐까.

18

# 나이듦은 자연의 건강한 리듬이다

우리는 나이가 들면서 변하는 게 아니다.
보다 자기다워지는 것이다.

— 린 홀 Linn Hole —

학문을 쌓기에 가장 좋은 계절은 가을이다. 등잔불을 켜놓고 책을 보기 좋은 계절이라 하여, 가을을 '등화가친燈火可親의 계절'이라고도 한다. 도대체 왜 선조들은 가을을 공부하기에 좋은 계절이라고 했을까.

가을에서 겨울로 넘어가는 시기가 되면 사람들의 마음은 차분하게 가라앉는다. 반대로 봄에서 여름으로 넘어가는 시기에는 에너지가 솟구친다. 그래서 봄부터 여름까지는 육체를 단련하기에 알맞고, 가을부터 겨울까지는 정신을 단련하는 데 알맞은 시기다.

정년퇴직으로 시간적 여유가 생겼다면 봄에는 정원을 가꾸거나 낚시를 즐기며 야외활동을 하는 것이 좋다. 계절의 기운을 느낄 수 있는 등산도 좋다. 반면 가을과 겨울은 육체활동을 하기 힘든 계절이지만 정신단련에는 더없이 좋은 조건이다. 바쁘게 살아가는 현대인에게는 조금 어려운 요구일지 모르겠지만, 이처럼 자연의 리듬을 잃지 않으며 생활하기 위해 노력하는 것도 인생의 지혜라고 할 수 있을 것이다.

이런 관점에서 봤을 때 신학기가 봄에 시작되는 것은 자연의 순리를 거스르는 것이다. 유학시절 독일에서는 신학기가 10월에 시작되었다. 학생들은 7월에는 여행을 떠나거나 스포츠를 즐기면서 몸을 단련한다. 그리고 8, 9월부터 도서관에서 공부하며 10월에 시작되는 신학기를 준비한다. 독일의 8, 9월은 동양의 가을 날씨와 비슷하다. 10월이 되면 벌써 겨울이 느껴진다. 유학을 하면서 나는 유럽 학생들이 봄여름은 야외에서 신체를 단련하고 가을부터 공부를 시작하는 데 익숙해 있다는 사실에 놀랐다. 이미 그들은 자연의 리듬을 따라가고 있었던 것이다.

일본에서는 신학기가 4월에 시작되는데, 이때는 봄이 시작되는 시기다. 마음이 싱숭생숭해지는 것이 당연하다. 이런 계절에 마음을 새롭게 다잡고 공부를 시작해야 하니, 학생들의 정서가 뒤죽박죽일 수밖에 없다. 날씨가 화창한 봄과 여름은 밖에서 뛰놀며 신체를 단련하는 계절이라는 것을 본능적으로 느끼기 때문이다.

인생에 찾아온 가을을 맞게 되면 시간적으로도, 정신적으로도 여유가 생긴다. 이제는 억지로 자연의 본능을 거스르며 책상 앞에 앉아 있어야 할 이유가 없다. 4월의 신학기 따위는 상관없는 넘치는 자유가 주어진 것이다. 그동안 생업으로 분주하기만 했던 나날을 던져버리고 자연의 리듬에 맞춰 살아갈 수 있는 삶이 드디어 찾아온 것이다.

자연의 리듬에 충실하면, 옛 선조들이 "가을바람 소리에 잠을 이루지 못한다."라고 읊조린 심경을 비로소 이해하게 될 것이다. 늘 건강할 것이라고 믿어 왔는데, 어느새 몸이 마음처럼 움직여지지 않고 나날이 쇠약해진다. 그때 가을바람에 스러지는 낙엽 소리가 들려오면 문득 가슴이 출렁인다. '나도 이제 늙었구나.' 하는 깨달음과 상념들이 손님처럼 찾아오는 것이다.

그래도 이렇게 자연스럽게 늙음을 인식하는 것이 갑작스런 병마를 통해 받아들이게 되는 것보다 훨씬 나은 듯하다. 찻잔을 엎지르고는 '벌써 정신이 흐려졌나.'라고 낙심하며 괴로워하는 것과 '이 나이에 이런 실수쯤은 누구나 저지르는 거야.'라고 스스로 다독이며 나이듦을 받아들이는 것은 정서적으로 엄청난 차이가 있다.

나이가 든다는 것을 힘겹게 의식하며 낙담할수록 가을의 쓸

쓸함은 더욱 깊게 느껴진다. 나는 동창회 명부에서 친구들의 이름을 모두 지우게 될 때까지 오래 살고 싶다. 그렇게 나이 들면 보이지 않던 것들을 모두 볼 수 있게 될 것이다. 그리고 더 살고 싶다는 기대도 사라져 죽음이 두렵지 않게 될 것이다. 그때가 되면 '나도 죽을 때가 가까웠군.' 하고 살짝 미소 짓게 되지 않을까? 그리고 창밖의 거대한 자연과 하나가 되어 스러져갈 시간들을 떠올릴 것이다. 여생의 시간에는 자연의 리듬에 몸을 맡겨야 한다. 내 몸도 결국 거스를 수 없는 자연의 일부라는 것을 받아들일 때, 여생을 보내는 마음은 한층 풍요로워진다.

19

# 건강한 노년을 위해서 반드시 지켜야 할 세 가지

위대한 성과는 힘이 아니라 인내의 산물이다.

— **새뮤얼 존슨** Samuel Johnson —

노인이 된다는 것은 마음대로 움직여주지 않는 육체에 익숙해지는 일이라는 생각이 든다. 요즘에는 '예전에 수도 없이 오르던 산인걸.' 하며 자신 있게 산에 올라도 절반도 못 가 되돌아오는 일이 다반사다. 기억력도, 소화기능도, 근육의 힘도 예전 같지 않다는 것을 받아들여야만 한다. 신체의 기능이 낡고 닳아져서 물리적인 충격으로 망가지지 않도록 조심하지 않으면 안 된다.

전직 총리였던 K씨는 건강하게 오래 살기 위해 반드시 지켜야 할 주의사항으로 '쓰러지지 말 것. 감기에 걸리지 말 것. 의리에 얽매이지 말 것.'이라는 세 가지 항목을 누누이 강조했다. 실제로 고령자의 사망원인 중 감기의 비중이 상당히 높다고 한다. 의리를 지키기 위해 친구 장례식에 참석했다가 감기가 폐렴으로 발전해 사망했다는 노인의 이야기를 들은 적이 있다. K씨에게 총리직을 넘긴 D총리 역시 총리 취임을 축하하는 모교 집회에 참석했다가 감기에 걸렸고, 결국 합병증으로 3개월 만에 세상을 떠나게 되었다. K씨가 "노인은 추운 날에는 의리에 얽매이면 안 된다."고 강조하는 것은 D총리의 단명내각을 지켜본 경험 때문이 아니었을까.

어떤 이유로든 노인은 한번 쓰러진 다음에는 재기불능 상태에 빠져 사망에 이르는 경우가 많다. 내가 알고 있는 90세 이상 노인들 중에서도 갑작스럽게 쓰러져 한동안 자리에 몸져누워 있다가 치매 증상이 겹치면서 운명을 마감한 이들이 적지 않다. 그런 면에서 보면 고령의 나이에는 쓰러지는 것보다 위험한 일은 없는듯하다.

좀 더 정확히 말하자면 쓰러지는 것 자체보다도 쓰러지다가 다리와 무릎을 다쳐 일어서지 못하게 되었을 때가 더 위험하다. 젊은 사람도 한동안 병원 침대에서 지내고 나면, 다리에 힘이 빠져 잘 걷지 못한다. 다리근육은 사용횟수가 줄어들면 급속히 쇠약해지기 때문이다. 노인의 경우 그 후유증은 더 심하고, 약해진 다리근육 때문에 걷지 못해 누워 지내야 하는 시간이 많아질수록 몸은 점점 더 쇠약해지기 마련이다. 나 역시 이 경우가 가장 두렵다.

나이가 들면 평소에도 다리근육을 유지하기 위해서 노력해야 한다. 반드시 매일 조금이라도 걷도록 해야 한다. 보다 과학적인 설명을 덧붙이자면 다리에 중력이라는 스트레스를 가해야 하는 것이다. 태아는 모태에서 우주비행사처럼 무중력 상태에 있다가 탄생과 동시에 1G만큼의 중력을 받게 된다. 우리는 1G의 중력이 어느 정도인지도 모르고 중력 그 자체를 실감하지 못하지만, 우리 몸은 중력을 상당한 스트레스로 받아들인다. 얕은 바다에 밀려온 고래가 썰물에 빠져나가지 못하고 죽는 이유도 체중에 미치는 중력을 이겨내지 못하고 호흡기관이 마비된 탓이다. 바다 속에서 몇 분의 1G라는 중력밖에 경험하지 못한 고래에게 몇 배나 늘어난 중력은 목숨을 앗아갈 정도로 큰 스트레스인 것이다. 사람도 5G의 중력이 가해지면 사망한다. 다행히 우리에게 부과되는 중력은 1G다. 그리고 이는 우리 몸이 하루 종일 감내해야 하는 스트레스이기도 하다.

갓난아기가 태어나 자란다는 것은 모태의 무중력 상태에서 벗어나 1G의 중력이라는 스트레스에 적응해나가는 과정이라고 할 수 있다. 하지만 이는 정상적인 스트레스다. 정상적인 스트레스는 성장을 위한 필수조건이다. 운동선수나 등산가는 다리에 일부러

스트레스를 줌으로써 신체능력을 발달시킨다. 다리에 1kg짜리 모래주머니를 매달고 달리는 선수들의 모습을 흔히 볼 수 있지 않은가. 마라톤 선수는 산소가 적은 고지대에서 폐에 스트레스를 줌으로써 호흡능력을 신장시킨다. 다시 말해, 육체단련이란 평소 체감하는 스트레스 강도를 점점 더 확대시키는 것이다. 스트레스를 늘리고, 늘어난 스트레스에 적응함으로써 평균적인 스트레스 영역과 신체활동 범위를 넓히는 것이다.

초인적인 신체능력은 강력한 스트레스를 견뎌냈을 때 얻어진다. 어린 시절 즐겨 읽던 무협지를 보면 무사들의 수행이 늘 그런 식이지 않던가. 그들은 뜨겁게 달군 콩더미에 손을 넣어 손바닥을 무쇠처럼 단단하게 만들고, 물지게를 지고 산을 달리며 근력과 균형감각을 키운다. 물론 우리에게 그런 엄청난 능력이 필요한 것은 아니지만 신체에는 어느 정도 일상적인 스트레스가 필요하다. 그것이 우리를 건강한 삶으로 이끈다.

20

# 나이가 들수록 정신적인 자극이 필요하다

사람들은 자신의 환경에 대한 개선은 열망하면서도
자기 자신에 대한 개선에는 기꺼이 나서지 않는다.
이것이 그들이 속박에서 벗어나지 못하는 이유다.

— **제임스 알렌** James Allen —

많은 사람들이 정년퇴직한 후 고향에서 보내는 삶을 동경한다. 퇴직을 기회로 도시를 떠나 자연을 벗 삼아 살아가고 싶어 한다. 작은 냇가에서 낚시를 즐기고, 손수 키운 채소로 식탁을 차리는 삶을 즐기라는 부동산업체의 광고들이 자주 등장하는 것도 이 때문일 것이다. 하지만 '산 좋고 물 맑은 고향'으로 돌아가 건강하게 남은 인생을 사는 것이 과연 말처럼 쉬운 일일까?

지방에서 도시로 올라온 사람들에게는 저마다의 '꿈'이 있었다. 도시에서 꿈을 이루고 금의환향하겠다는 목표하에 친지도, 아는 사람도 없는 낯선 타향에서 열심히 일하고 공부했다. 언제든지 사막 같은 대도시 생활을 마치고 고향으로 돌아가면 유년의 기억을 장식해준 푸른 산과 맑은 물이 자신을 반겨줄 것이라고 믿는다. 그러나 은퇴 후 다시 돌아간 고향이 어린 그 시절의 고향과 과연 같을까?

먼저 전원으로 돌아가는 삶을 생각해보자. 굳이 고향이 아니라도 좋다. 산 좋고 물 맑은 곳에서 살고 싶다는 것은 많은 이들의 꿈이다. 일단, 공기가 좋다는 것은 분명하다. 하지만 공기는 아무리 마셔도 사람을 만족시키지 못한다. 맑은 공기에 감탄하는 것은 며칠일 뿐, 얼마 지나지 않으면 일상생활에 별 의미가 없음을 깨닫게 된다. 풍요로운 삶의 조건을 공기 하나로 만족시킬 수는 없다는 말이다.

한때 퇴직을 앞둔 모든 이들의 이상향이 되었던 곳이 있다. 아름다운 풍광과 찬란한 햇살로 은퇴세대를 유혹했던, 바닷가 휴양지에 위치한 온천이 딸린 실버타운이었다. 웅대한 자연경관에서의 삶을 약속했던 후지산 인근의 별장 역시 은퇴세대들이 꿈꾸었던 안식처였다. 그러나 이에 대한 광고가 언젠가부터 쏙 들어가버렸다. 내가 아는 부부 중에도 도심에 살다가 시골 별장으로 이주한 이들이 있었는데, 무료함을 견디지 못한 부인이 툭 하면 도시에 나와 지낸다고 한다.

경치 좋은 고향에서의 삶도 오랜 기간 도시생활에 익숙해진 사람에게는 맞지 않는다. 잠시 동안 휴식과 여행을 하면서 보내는 시간은 좋지만, 남은 인생을 내내 한적한 시골에서 지내야 한다면 지독한 외로움이나 지루함과의 싸움이 불가피하다는 것을 알아야 한다. 유명한 휴양지에 별장을 짓고 사는 학자 부부가 있었다. 그 부인에게서 이런 말을 들었다.

"우리 남편은 매일매일 심심하니까 혹시나 누가 찾아오지 않을까, 하루종일 그 생각만 하고 있어요."

전원생활에 대한 불편한 문제들이 속출하면서, 이제 부동산 업체들은 도심지에 실버타운을 건설한다. 도쿄 중심지에도 얼마 전에 실버타운이 새로 들어섰다. 근처 병원과 제휴하여 언제든지 진료를 받을 수 있고, 근린시설과도 가까워서 살기에 더없이 편한 곳이다.

나이가 들면 조용하고 한가로운 곳에서 살아야 한다는 생각은 편견이다. 오히려 나이가 들었기 때문에 정신적으로 더 많은 자극을 받을 수 있는 도시에서 생활해야 한다.

고향을 다시 찾을 때의 심정만 생각하면, 어린 시절의 정취가 남아 있는 고향 땅에 돌아가면 마냥 행복할 것이라고 생각할 수 있다. 하지만 실제로도 그럴 것이라고 장담할 수는 없다. 시골에서 계속 살아온 사람이라면 이웃에 지인도 많고 편의시설에 대한 어려움도 없겠지만, 나이 들어 충동적으로 귀촌을 결정했다면 상황은 다르다. 어린 시절의 친구나 지인, 일가친척 중 상당수는 세상을 떠났거나 마을에 남아 있지 않을 것이다. 그러면 오히려 산자수명山紫水明의 고향에서 고독한 노후와 마주하게 될지도 모른다.

독일 유학시절의 은사였던 슈나이더 선생도 고향에 가고 싶다는 충동에 이끌려 고민한 적이 있었다. 슈나이더 선생이 뮌스터 대학에서 학부장 자리에까지 올랐는데, 갑자기 사모님이 암에 걸렸다. 이에 충격을 받은 선생은 도시에서 살 용기가 없다며 고향으로 낙향할 결심을 굳혔다. 어느 날 부인에게 이러한 결심을 털어놓자 부인은 슈나이더 선생에게 이렇게 말했다.

"고향에 내려가서는 절대로 안 돼요. 고향에서 조용히 살고 싶다는 것은 그저 꿈일 뿐이에요. 당신 고향에는 이제 당신을 돌봐줄 부모님도 안 계시고 가까운 친척도 없어요. 당신의 고향은 이제 뮌스터 대학이에요. 오랫동안 일했던 이 학교에 사랑하는 동료들과 친구들이 있잖아요. 당신을 따르는 학생들도 곁에 있고요. 그러니 내가 죽더라도 이곳을 떠나면 안 돼요. 앞으로도 계속 여기서 살겠다고 약속해요."

부인은 선생의 뜻에 완강하게 반대했고, 선생은 부인의 유언대로 여생을 뮌스터 대학에서 보냈다.

나는 사모님의 선견先見에 감탄했다. 지금도 사모님의 의견이

전적으로 옳았다고 생각한다. 독일에는 '고향'에 관한 노래가 많다. 부인을 잃게 되어 마음이 약해진 선생은 무의식중에 어린 시절 즐겨 불렀던 고향 노래에 이끌려 시골로 돌아가야겠다고 생각했는지도 모른다.

나 또한 고향을 떠나 도시로 올라온 사람 중 한 명이다. 물론 나도 고향이 그립다. 그러나 내게 고향은 한때 살았던 추억이 남아 있는 지역에 지나지 않는다. 냉정하게 말하면, 내 삶에서 그곳은 이미 낯선 타지가 되어버렸다. 이제 나의 고향은 내가 사랑하는 사람들과 함께 살면서 마음을 나누는 곳, 지금 살고 있는 바로 이곳이다.

# 21

# 고향을 추억 속으로만 남겨두어야 하는 이유

인간은 환경의 피조물이 아니다.
환경이 인간의 피조물인 것이다.
— 벤저민 디즈레일리 Benjamin Disraeli —

내 고향인 야마가타 현은 대설지역으로 유명한 곳이다. 겨울이면 눈이 얼마나 많이 오는지, 지붕에 쌓인 눈을 바로바로 치우지 않으면 무게로 인해 집이 무너져 내릴 수도 있다. 최근에는 시골 인구가 줄어들어 우리 고향에도 젊은이들이 많지 않다. 자녀 없이 살고 있는 노부부 둘이서 폭설로 지붕에 쌓인 눈을 치우기란 이만저만 힘든 일이 아니다. 눈 한번 치우고 나면 노인들은 골병이 들게 마련이다. 이런 위험성과 수고로움에 지쳐 노인들이 정든 시골집을 떠나 도시 인근으로 이주하는 경우가 많아졌다. 집 앞에 정원이 없더라도, 졸졸거리는 냇물소리가 들리지 않더라도 겨울에 눈만 쓸지 않아도 좋겠다는 생각인 것이다. 그래서인지 도시 인근에 새로 들어선 뉴타운은 순식간에 분양이 마감되는 경우가 많다.

최근에는 시골에서 평생 살던 사람들도 노년에 접어들면서 도시로 나오는 추세다. 여유롭게 전원생활을 하고 싶다는 꿈은 현실을 도외시한 희망사항임을 깨달아야 한다. 텔레비전 프로그램과 잡지에 등장하는 전원생활은 일부 성공한 사례일 뿐이다. 시골로 내려간 노인들이 모두 만족스러운 삶을 보내고 있다면 기사화될 리 없지 않겠는가. 고향에서 여유롭고 우아하게 살 수 있는 사람은 부자들뿐이다. 록펠러와 빌 게이츠 같은 부자라면 세계 어느 곳에서나 행복하게 살 수 있다. 산중턱에 저택을 짓고도 아무 불편함 없이 살 수 있는 사람은 그만큼의 경제적 여유를 누릴 수 있는 사람들에 국한되어 있다. 게다가 그들은 도시에도 근사한 집이 있다. 비즈니스는 도시에서 하고 시골에서는 그저 휴식을 취할 뿐이다.

지금은 고인이 된 영국의 대부호 월터 스콧의 저택을 구경하러 간 적이 있었는데, 대문에서부터 저택까지 자동차로 10분이나 걸렸다. 그들에게는 대문이 보이는 저택은 저택이 아니다. 그런 외진 곳에서 조금의 불편함 없이 생활하려면 하인을 여러 명 고용

해야 한다. 웬만한 부자가 아니고서는 꿈도 꿀 수 없는 것이다. 과거 일본에도 지방마다 명문가, 혹은 대지주로 불리는 계급이 있었다. 당시에는 대지주와 명문가가 지방문화의 선구자 역할을 담당했다. 어린 시절이었지만 아직도 창고만 몇 동씩 있는 명문가 저택이 생생하게 기억난다.

유감스럽게도 명문가 중심의 지방문화는 개편된 상속세로 인해 폐사 직전에 놓이게 되었다. 과거에는 부모의 유산이 호주 승계로 이루어졌기 때문에 장남이 호주의 지위를 계승하는 것이 상속의 기본이었다. 호주 승계를 놓고 알력과 갈등이 빈번하긴 했지만, 재산의 분산이 없었기 때문에 마을의 명물인 오래된 저택을 그대로 보존할 수 있었다. 그러나 근대에 들어서면서 상속 제도가 바뀌었고, 유산은 상속권을 가진 모든 자녀들에게 비율에 따라 나누어 가졌다. 부동산처럼 나누기 어려운 유산은 일단 처분해서 현금으로 만든 후 각자 나누어 가졌다. 상속세를 지불하기 위해 잘 가꿔진 정원과 고택을 파는 일도 부지기수였다. 그런 식으로 지방의 대지주와 명문가가 유지해온 지방 특유의 문화는 사라지게 되었다. 매년 수백, 수천 채씩 역사적으로 가치가 있는 저택과 전통 공간이 사라지고 있다.

어린 시절 고향의 모습을 떠올리면 전통적인 지방색 또한 아련하고 그리운 추억으로 떠오른다. 그러나 명문가와 대지주를 중심으로 유지되던 지방색이 약화되면서 옛 모습을 찾아볼 수 없게 되었다. 이 역시 고향으로 내려간 도시 은퇴자들이 실망하는 이유 중 하나로 꼽힌다. 고향은 더 이상 예전의 모습이 아니다. 이제 나같은 지방 출신 도시생활자에게 고향은 '멀리 떨어져 추억하는 곳'으로 전락하고 말았다. 첫사랑은 영원한 그리움으로 마음 한 켠에 남겨두는 것처럼 고향땅도 마찬가지다. 다시 만나 실망하고 돌아서는 것보다는 영원한 그리움으로 남겨두는 편이 나은 듯하다.

# 22

# 지금 내가 사는 곳이 나의 고향이다

성공적인 사람들은 원하는 환경을 찾는 자들이다.
만약 찾지 못한다면 스스로 만들어라.

— **조지 버나드 쇼** George Bernard Show —

영어에서는 '고향'을 'home'이라고 표현한다. 'home'의 사전적 의미는 '현재 살고 있는 집'이다. 여기에 '태어난 장소'라는 그리움이 더해져 '고향'을 의미하게 되었다. 'home'이 때로는 '가정'을 뜻하기도 한다. '고향'과 '가정'은 같은 의미라고 생각하는 것이다. 고향에 대한 그리움은 가정에 대한 그리움이며, 부모와 형제, 자매가 함께 살았던 시절의 풍경이다.

전통적으로 가정은 아내, 혹은 어머니의 주도로 이루어졌다. 영어권 문화에 'Men make houses, women make home.'이라는 속담이 있는 것도 이에 대한 반증이다. '남자는 집을 짓고 여자는 가정을 만든다.' 남자와 여자의 이 같은 역할은 현재까지도 이상적인 가정의 모습으로 여겨지고 있다. 남자가 밖에서 일한 돈으로 '집'을 세우면 여자는 그곳에 따뜻한 '가정'을 만드는 것이다. 이것이 옛날부터 내려져온 전통이며, 이상이다.

최근에는 상황이 많이 바뀌었다. 요즘 여성들은 'home'보다는 'room'을 장식하는 데 더 많은 에너지를 쏟는 듯하다. 그러나 값비싼 가구를 거실에 들여놓았다고 해서 따뜻한 'home'이 만들어지는 것은 아니다.

지금 시대에 전통적인 'home'을 기대하기란 무리가 아닐까 싶다. 이 시대야말로 로마시대의 속담 'Ubi bene, ibi patria.'을 되새겨 보아야 할 때다. 이 속담은 영어로 직역하면 'Where well, there home.'이된다. 즉 내가 지금 살고 있는 곳, 그곳이 나의 'home'이며, 그곳이 나의 '고향'이자 '모국'이라는 의미다. 도시생활자에게 구원의 서광을 비춰주는 가르침이다. 그런 점에서 보면 현대인의 삶에서 고향이 갖고 있는 이미지를 정확하게 포착해낸 속담이 아닐 수 없다.

시골에서 도시로 올라왔든 해외로 이민을 갔든, 그곳에서 성공하고 그곳에서 행복하다면 그곳이 바로 고향이다. 정년퇴직을 기회로 그리운 고향으로 돌아가자고 생각할 게 아니라 지금 살고 있는 도시에서의 생활에 불편함이 없다면 도시를 나의 고향으로 여겨야 한다. 지금 살고 있는 곳을 고향으로 인정한다면 도시에 대한 애정은 지금보다 각별해질 것이다.

때로는 도시에서의 실패와 아픈 기억에서 벗어나고 싶어서 고향으로 간다는 사람들이 있다. 하지만 다시 시골로 돌아간다고 해서 도시에서보다 생활이 윤택해진다고는 장담하기 어렵다. 요즘 유행하는 '치유'라는 개념은 시골의 자연환경만 강조하고 있는데, 공기가 달라진다고 해서 정서적 치유가 이루어지는 것은 아니다. 고향을 떠나 도시에서 실패하고 돌아온 사람을 기꺼이 환영해줄 만큼 현재의 시골사회가 여유로운 것도 아니다. 시골에서 인간관계를 통해 '치유'를 기대해서는 안 된다. 차라리 고향으로 도피하기보다는 도시의 장점을 활용하여 실패를 딛고 일어나 성공으로 전환할 수 있는 계기를 만드는 것이 현명하다.

물론 고향은 언제나 그리운 곳이다. 죽을 때까지 사랑할 수밖에 없다. 나 역시 떠나온 지 수십 년이 된 지금까지도 내 고향을 사랑한다. 게다가 은사인 사토 준타 선생을 만나 그분의 영향으로 지금의 내가 있을 수 있었기에, 고향은 내 인생에서 항상 그립고 감사한 곳으로 남아 있다. 하지만 대다수 사람들에게 고향은 '멀리 떨어져 추억하는 곳'이다. 이 말이 요즘 같은 세태에서는 멀리 떨어져서 다행이라는 것처럼 느껴지기도 한다.

돌이켜보면 대학 시절에 방학을 맞아 고향에 내려가면 지루해서 견딜 수가 없었다. 그때의 기억이 지금도 남아 있다. 부모님과 대화도 거의 없었다. 누나와도 마찬가지였다. 친구들을 만나도 사고방식이 달라져 예전처럼 즐겁게 떠들 수가 없었다. 이런 경험은 요즘 사람들이라면 한번쯤 겪었을 것이다. 지금도 고향은 어쩌다 한 번씩 방문하는 여행지에 가깝다. 닷새 이상은 머물고 싶어도 심리적으로 힘들다.

앞에서도 누누이 강조했듯이 이제 언제든지 돌아갈 고향이 있다는 생각에서 벗어나 지금 살고 있는 곳이 고향이라는 마음으로 생활해야 한다. 현재 살고 있는 지역을 'home'으로 만드는 편이 낫다. 멋지고 지적인 여생을 보내고 싶다면 도심 속의 자기집부터 쾌적하게 꾸며야 한다. 이를테면 서재에는 에어컨을 설치해 무더운 여름철에도 쾌적한 지적활동을 할 수 있도록 하는 것이다. 여름날 시골의 시원한 바람이 그리워 다른 모든 불편함을 감수하고 떠나는 것보다는 간단하게 에어컨을 달아 더위를 피하는 게 낫다는 말이다.

유명한 학자 중에는 한적한 시골에 별장을 짓고 생활하는 사람도 있는데, 이동시간과 수고로움을 생각하면 지금 살고 있는 집을 개조해서 쾌적한 공간으로 바꾸는 편이 낫다. 비용도, 시간도 후자가 훨씬 효율적이다. 독서와 사색을 하더라도 현재 살고 있는 익숙한 거처에서 할 때 집중력이 훨씬 높아진다.

기분전환이 필요하다면 며칠 시간을 내어 여행을 다녀오면 된다. 일상적으로는 찻집이나 도서관에 가도 좋고, 공원을 산책하는 것도 좋은 방법이다. 서재와 다른 분위기 속에서 가벼운 책을 읽는다면 기분전환에 효과가 있다. 별장을 짓기 위해 땅을 사고, 건축비를 소요하고, 관리비, 세금까지 내고 사는 것을 생각하면 경제적으로도 후자가 훨씬 이익이다. 마음만 먹으면 우리의 전원생활을 잠깐이나마 충족시켜 주는 곳은 많다. 생각을 조금만 바꾸면 된다. 'Ubi bene, ibi patria.'의 가르침을 다시 한 번 마음속에 새겨보자.

23

# 독서는 장수의 비결이다

날마다 한 가지씩 새로운 것을 배워라.
그러면 결코 늙지 않으리라.

— 로이스 베이 Lois Bey —

철학자 칸트는 57세에 그의 대표작인 《순수이성비판》을 썼고, 66세에 《판단력비판》을 완성했다. 대문호 괴테가 《파우스트》 집필을 마쳤을 때, 그는 이미 여든이 넘은 나이였다. 르네상스 시대의 거장 미켈란젤로는 90세가 넘어서까지 작품활동을 했다. 그런 것을 보면 창작을 하는 데 결코 늦은 나이란 없는 듯하다. 어쩌면 두뇌를 활발하게 움직이는 창작활동이 그들의 장수비결이 아닐까 싶다.

오래 전 어느 잡지에서 '책을 좋아하는 사람이 오래 산다.'라는 주제의 칼럼을 읽은 적이 있다. 칼럼에는 고인이 된 61명의 저명인사들을 언급하고 있었는데, 모두 몇 세대 위의 인물들이었다. 평균 수명이 50세 남짓한 시대를 살아온 사람들이었기 때문에 장수했다고 해봐야 그리 많은 나이가 아닐 것이라고 짐작했다. 그런데 뜻밖에도 61명 가운데 12명을 제외하고는 모두 고희인 70세를 넘겼다. 70대에 사망한 경우가 18명이었고, 80대 사망이 20명, 90대 사망도 10명이나 되었다.

그들의 공통점에 대해 필자는 다음과 같이 분석하고 있었다. "독서와 장수는 분명히 상관관계가 있다. 독서는 생각으로 이어지는 작업이다. 또한 책을 많이 읽으려면 도서관이나 서점을 부지런히 찾아다녀야 한다. 이것만으로도 체력이 길러지는 동시에 두뇌 운동이 된다. 그러므로 독서는 건강과 직결되어 있다고 말해도 과언이 아니다."

이 글을 읽으며 나도 모르게 고개가 끄덕여졌다. 나 역시 공감하는 내용이다. 최근 들어 뇌에 대한 관심이 높아지면서 뇌 관련 서적들이 다양하게 출판되고 있다. 나도 여러 권 찾아 읽었는데, 그중 한 권에 다음과 같은 내용이 있었다.

"뇌 속에는 여러 가지 호르몬이 있다. 이 호르몬은 뇌를 위해서만 존재하는 것이 아니다. 뇌가 작용하는 온갖 활동에 호르몬도 작용한다. 따라서 뇌 운동은 전신 건강과 떼려야 뗄 수 없는 관계다."

두뇌를 자극하는 것은 결국 몸 전체의 건강과도 직결된다는 의미다. 칸트나 괴테, 미켈란젤로 같은 천재들이 노년에도 건강을 유지하면서 활발하게 작품활동을 할 수 있었던 것도 두뇌를 부지런히 움직였기 때문일 것이다.

얼마 전 건강검진을 받았을 때 올해 만 80세인 나의 혈액검사 수치는 모두 정상이었다. 건강은 양호했고, 다만 전립선 비대 경향이 있었는데 악성이 아니여서 대체로 만족하고 있다. 어려서부터 병약했던 나는 초등학교 때 툭하면 양호실에 누워 있었다. 그랬던 내가 노년을 건강하게 보낼 수 있는 비결은 무엇일까? 그것은 독서습관 덕분이 아닐까 싶다. 책을 읽고 글을 써온 세월이 자그마치 75년이다. 아마도 그 시간이 나의 몸과 정신을 건강하게 만들어주었을 것이다. 그런 점에서 보면 나 역시 '독서와 장수는 밀접한 상관관계가 있다.'는 주장을 뒷받침할 수 있는 살아있는 증거라고 할 수 있지 않을까.

# 24

# 전자책이 한 알의 영양제라면 종이책은 맛있는 한 끼 식사다

우리를 현명하게 만들어주는 두 가지 기본적인 것이 있다.
그것은 바로 우리가 읽는 책들과 우리가 만나는 사람들이다.

— **찰스 존스** Charles Jones —

인터넷 시대에 책은 결국 무용지물이 될 것인가? 정보를 수집하는 데 인터넷이 위력을 발휘하는 시대에 살다보니, 가끔 이런 의문이 든다. 이제 사전 몇 십 권에 해당하는 분량을 조그마한 전자기기에 모두 입력하여 들고 다니는 시대다. 예전에는 논문을 평가할 때 참고문헌만 봐도 대략 얼마만큼 발품을 팔며 자료를 찾았는지, 몇 시간 동안 도서관에 살았는지 판단할 수 있었다. 그러나 요즘에는 참고문헌 목록 따위는 믿을 게 못 된다. 인터넷으로 간단하게 검색해서 얼마든지 인용할 수 있기 때문이다.

인터넷은 필요한 정보를 필요한 그 순간에 즉각적으로 제공해준다. 200년이 넘는 역사를 가진 《브리태니커백과사전》이 더 이상 신판을 발간하지 않는 것도 인터넷 때문이라는 이야기를 들은 적이 있다. 이제 IC칩을 노트북에 꽂으면 사전이 필요 없다. 이런 현상을 지켜보면서 종이책의 시대가 종말을 고하는 것 아니냐는 인식이 생겨나고 있다. 미디어에서도 활자문화의 미래를 상당히 어둡게 전망하고 있다.

우리가 교환수단으로 이용하고 있는 '통화'를 생각해보면, 처음에는 물물교환의 시대였다가 조개껍데기나 구슬을 화폐로 사용했고, 은화 같은 동전을 주조해서 사용하기에 이르렀다. 그리고 마침내 지폐가 등장했으며, 지금은 카드와 전자머니로 세상이 움직인다. 책의 역사도 마찬가지다. 얇고 긴 나무판에 기록을 하던 '목간木簡' 시대에서 돌에 새기던 '석각石刻' 시대가 되었고, 종이에 글자를 쓰는 시대가 되었다. 그러다 인쇄술이 발명되면서 인쇄된 책이 대량으로 생산될 수 있었고, 이것이 IT시대에 들어서면서 인터넷으로 확산되었다.

시대가 변화하는 현상은 인정할 수밖에 없지만, 책을 좋아하는 나로서는 전자책으로의 전환기를 마음 편하게만 지켜볼 수가 없다. 그러던 어느 날, 자몽을 먹다가 문득 이런 생각이 들었다. 자몽은 비타민 C가 많고, 노란색 열매이기 때문에 카로틴이 많이 함유되어 있는 과일이다. 그런데 이 성분들은 모두 종합비타민에 들어 있는 것들이다. 극단적으로 말해 비타민이 풍부하고 달콤새콤하며 물이 많은 자몽을 먹는 대신, 간단하게 종합비타민제 한 알을 먹으면 되는 것이다. 굳이 귀찮게 껍질을 벗겨가면서 먹을 필요가 없다. 그런데도 나는 왜 굳이 자몽을 사서 먹는 것일까? 그것은 바로 '맛'이 있기 때문이다.

나는 중요한 깨달음을 얻었다. 정보는 인터넷으로 충분히 얻을 수 있다. 그런데 왜 나는 여전히 책을 구입하고 있는 것일까? 왜 비싼 돈을 주고 고서古書를 모으는 것일까? 그 이유는 책에서 얻어지는 것이 단순히 정보만은 아니기 때문이다. 책에서는 인터넷이 가지고 있지 않은 '즐거움'을 얻을 수 있다. 정성껏 만들어진 장정을 볼 때, 사각거리며 책장을 넘길 때, 나는 행복하다. 또한 수 세기를 거듭하며 사람들에게 읽힌 책들을 만지며 지적 향수를 느낀다.

최근 '아이패드'와 '킨들'같은 새로운 감각의 매체들이 출현하면서 전자책에 대한 관심과 소비가 한층 뜨거워졌다. 그러나 '아무리 그래도…'라는 생각이 든다. 인터넷 검색으로 획득하는 정보와 독서에서 지식은 본질적으로 다르다. 따뜻한 한 끼 식사와 영양제 한 알의 차이라고나 할까. 영양제 복용은 부족한 영양소를 보충해주는 편리하고 효과적인 방법이다. 입으로 들어간 음식물

가운데 영양분으로 남는 것은 극히 일부분이고, 대부분은 배설된다. 우리 몸에 꼭 필요한 영양소라면 영양제로 얼마든지 복용할 수 있다. 하지만 어머니들이 아이들을 영양제만 먹여서 키우지는 않는다. 아무리 필요한 영양소로 채워져 있다고 해도 영양제만 먹여서는 아이가 성장하지 못하기 때문이다. 인간은 어쨌든 밥을 먹여야 한다. 배설조차도 인간으로 태어나 자라는 과정에 꼭 필요한 일이다. 씹고 배설하는 동안 갓난아기의 턱과 이빨이 발달하고, 소화기관이 발달하는 것이다.

인간의 지적능력도 이와 같다. 책을 통해 글자와 숫자를 접한다. 사고력이 형성되기 위해서는 단계별로 수준에 맞는 책을 읽어야 한다. 그렇게 두뇌가 점점 완성되어간다. 두뇌가 책을 통해 완성되었을 때 비로소 필요한 정보를 인터넷에서 취해야 한다. 이것은 세 끼 식사를 규칙적으로 하면서 몸에 부족한 영양소를 빠르고 간편하게 공급하기 위해 영양제를 복용하는 것과 같다.

영어로 '추가, 보충'을 뜻하는 'supplement'라는 단어가 '영양보조식품'을 의미하게 된 것은 1977년 이후부터다. 1977년판 《옥스퍼드 영어사전》만 해도 'supplement'라는 단어는 '영양'과 아무런 상관이 없었다. 영어에 관한 모든 사항이 기록되어 있는 대사전에도 그 같은 의미가 실리지 않았다는 것은 21세기 직전까지도 영미권에는 '영양보조식품'이 존재하지 않았다는 의미다. 살이

찌지 않고 몸에 꼭 필요한 영양소를 공급하는 영양제 복용은 현대인에게 왕도王道나 다름없다. 하지만 음식을 만들고 추천하는 TV프로그램은 봤어도 영양제를 상품별로 나열해서 비교 분석하는 경우는 이제까지 보지 못했다. 요리해야 하는 수고로움도 필요하지 않고, 살이 찔 염려도 없이 몸에 꼭 필요한 주요성분을 알약 몇 개로 간단하게 섭취할 수 있는 좋은 방법임에도 요리만큼 중요하게 다루지 않는 것이다.

옛날에는 비타민제 한 알도 복용하지 않던 나도 환갑이 지나면서 영양소 섭취를 위해 영양제에 관심을 갖게 되었다. 나이가 들면 대사활동이 느려지기 때문에 식사를 통해 필수영양분을 채우면 금세 뚱뚱해지고 만다. 그래서 식사를 조금 줄이는 대신 영양제의 도움을 받기로 했던 것이다. 그렇다고 하더라도 영양제가 밥을 대신할 수는 없다. 우리 몸과 두뇌는 영양제만으로 성장할 수 없기 때문이다. 영양제는 말 그대로 '보조'적인 역할만 할 뿐이다. 인간은 밥을 짓고, 된장국을 끓이고, 채소를 조리고, 과일껍질을 벗겨가며 먹어야 한다. 그런 행위가 결과적으로 건강한 신체를 만든다.

책도 이와 마찬가지다. 전자책만으로는 진정한 지적 생활이 불가능하다. 왜냐하면 지적 생활을 감당할 만한 두뇌가 만들어지지 않기 때문이다. 필요한 정보를 인터넷에서 검색해 제대로 활용하려면 우선은 서점에 가서 책을 고르고, 장정을 펼치고, 속표지를 확인하고, 마지막 페이지까지 정독하는 올바른 독서습관을 길러야 한다. 그래야 인터넷에 떠도는 정보를 최대한 효율적으로 활용할 수 있는 두뇌가 만들어진다.

특히 노년의 두뇌를 위해서는 이 같은 노력이 더욱 중요하다. 영양제에만 의지하면 소화기능이며 인체의 다른 기능들이 금세 퇴화될 수 있다. 노년의 두뇌도 인터넷을 통한 즉각적인 지식에만 익숙해진다면, 깊이 사고하는 기능이 더 빠른 속도로 퇴화하고 말 것이다. 건강을 위해서도 책을 사서 종이를 넘겨가며 지식을 습득하는 버릇을 놓아서는 안 된다. 육체적으로도, 정신적으로도 건강한 장수의 비결이 바로 여기에 있다.

25

# 죽음은 삶의 긴장을 내려놓는 순간 시작된다

우리의 꿈과 삶의 형태를 결정짓는 기류는
우리가 날마다 길러내는 태도와 마음가짐에서 나온다.
— 작자 미상 —

나이가 들수록 매사에 너무 열심히 매달리기보다는 여유를 갖는 편이 좋다고 말하는 사람들이 있다. 그들은 이제 더 이상 욕심 부릴 것도 없으니 대충 살아도 괜찮지 않느냐고 말한다.

"인간은 누구나 죽는다. 열심히 살든 놀면서 대충대충 살든 어차피 죽는 게 인생이다. 지식이 무슨 소용이고, 기술이 무슨 소용인가. 아무것도 되고 싶지 않고, 아무것도 바라지 않는다면 굳이 노력하지 않아도 되는 것 아닌가."

만약 스무 살에 이렇게 생각하는 젊은이가 있다면 혀를 끌끌

차며 "젊은 나이에 폐인의 길에 들어섰다."고 악담을 해주었을 것이다. 하지만 삶에 대한 열정은 꼭 젊은이에게만 해당되는 것이 아니다. 나이가 들어서도 크게 다르지 않다. 환갑이 넘었다고 해서 삶에 무언가를 추구하지 않고 살아간다면, 이미 인생을 스스로 저버린 것과 다르지 않다.

안타깝게도 내 주위에는 그런 사람들이 종종 있다. 심지어 젊은 학생들을 가르치는 교수들 중에도 그런 사람이 있다. 그들은 정년이 되자마자 마치 내일 죽을 것처럼 주변을 정리한다. 교직에서 물러났으므로 책도 자료도 이제 필요하지 않다며 그동안 열심히 모아놓은 장서를 팔아버리는 경우도 있다. 신혼 초기부터 남편의 서재를 원망의 눈초리로 바라봤던 부인의 입장에서야 쓸모없어 보이는 헌책과 고가의 외국어원서들이 두둑한 생활비로 돌아오니 반가운 일일 수도 있을 것이다. 연구에 필요하다면서 책만 사들인 남편 덕분에 가족은 항상 희생당해왔다고 생각하기 때문에 남편이 퇴직을 맞아 더 이상 연구하지 않겠다고 선포하는 순간, 기쁜 마음으로 함께 서재의 책들을 처분할지도 모른다.

조금 극단적인 이야기였지만, 실제로 그런 학자들이 꽤 있다. 하지만 그렇게 주변을 정리하고 더불어 의욕마저 정리하는 순간, 모든 것이 무너지기 시작한다. 여유가 생기는 것이 아니라 오히려 삶이 흔들린다. 긴장에서 벗어나는 순간 육체와 정신이 무너지고 결국 사람이 무너진다.

진정한 은둔자는 물질은 버리되 정신은 버리지 않는 사람이다. 모든 소유에서 벗어나 홀가분해지지만, 정신만큼은 팽팽한 긴장감을 놓지 않으며 더 높은 이상을 추구하는 것이 진정한 은둔자의 삶이다. 그들의 일상에는 삶에 대한 긴장과 의욕이 여전히 살아 있다.

은퇴 이후에도 집필활동에 몰두하는 나에게 "나이 들어 무슨 욕심이 그리 많은가."라며 충고하는 사람들이 종종 있다. 그러나 남들이 비웃든, 비난을 하든 나는 앞으로도 내가 원하는 바를 추구하며 열심히 노력할 것이다. 병들어서 가족에게 짐이 되는 상황이 아니라면 죽음이 오기 전까지 최대한 버둥거리며 악착같이 살고자 애쓸 것이다. 어차피 죽을 인생이라고 생각하는 순간 이미 그 인생은 '죽음'을 맞이하는 것이다. 나는 그렇게 껍데기처럼 살고 싶지 않다.

영문학 선배인 D선생이 평소 즐겨 읊던 시가 있다.

'해변 모래밭으로 / 도롱이 걸치고 걷는 해녀 / 늦가을의 흩뿌리는 빗줄기.'

그런데 요즘은 나도 이 시가 너무나 좋아 수시로 읊조리게 된다. '해녀'의 자리에 '나'를 대입해보면 '해변'은 죽음이다. 어차피 바다에 들어갈 것이므로 해녀는 늦가을의 흩뿌리는 빗줄기에 몸이 젖어도 신경 쓸 필요가 없다. 그럼에도 이 해녀는 도롱이를 몸에 걸치고 있다. 도롱이란 짚으로 엮어 어깨에 걸치는 비옷이다. 내 인생에서 '도롱이'는 '독서'에 해당한다. "어차피 곧 죽을 인생, 아무것도 하지 않겠다."라는 말은 초탈하고 의연한 자세가 아니다. "어차피 또 배가 고파질 텐데 밥을 먹어서 뭐하나." 하는 말과 뭐가 다르단 말인가. 죽는 그날까지, 숨이 이어지는 한 나는 무엇이든 해내고 있을 것이다.

26

# 노년의 뇌세포를 변화시키는 독서

한차례의 식사로 충분한 영양을 섭취할 수 없듯이
두뇌 역시 지속적이고 정기적인 충전을 필요로 한다.

— 피터 데이비스 Peter Davies —

과거 과학자들은 인간의 뇌세포가 하루 10만 개씩 죽는다고 강조했다. 나이가 들수록 뇌의 기능이 퇴화한다는 것이다. 하지만 최근 들어 인간의 뇌가 생각보다 훨씬 더 탄력적인 장기라는 사실이 밝혀졌다. 또한 기억을 다루는 해마도 사용할수록 증식한다고 한다. 이러한 사실은 기억력과 판단력도 단련시킬 수 있다는 것을 의미한다. 단련된 기억력과 판단력은 시간이 흘러도 쇠퇴하지 않는다. 즉 60세든 70세든 뇌세포는 쓰지 않아서 녹슬었을 뿐, 사용하면 다시 튼튼해질 수 있으며 얼마든지 다시 늘어날 수 있다.

근육은 운동을 통해 단련시킨다. 그렇다면 뇌는 무엇으로 단련시켜야 할까? 두뇌를 단련시키는 가장 좋은 방법은 뭐니 뭐니 해도 독서가 최고다. 독서는 뇌세포뿐만 아니라 정신도 단련시켜준다. 요즘에는 노인들에게 뇌의 활성화를 위해 컴퓨터를 배우라고들 한다. 나이가 들수록 손가락을 자주, 많이 움직이는 게 좋다는 것이다. 물론 그것도 맞는 이야기다. 하지만 그러한 방법이 독서를 따라갈 수는 없다. 독서는 뇌세포를 지적으로 연마시키고, 정신적 활기를 되찾아주는 가장 단순하고 빠른 방법이다. 은퇴 후 시간적으로 여유가 많은 이들에게는 독서야말로 매우 유용한 두뇌건강법이라고 할 수 있다.

기억력을 키우는 것은 지적능력을 키우는 일이다. 사람이 사람답게 살기 위해서는 기억이 유지되어야 한다. 극단적으로 말해서 지금의 나는 곧 '나의 기억'이다. 몇십 년을 같이 산 배우자의 얼굴을 빤히 쳐다보면서도 알아보지 못한다면 그는 더 이상 내가 아니다. 그런데 인간의 기억력은 60세 이후에도 단련시킬 수 있다니 얼마나 다행인가.

나는 50대를 기점으로 기억력 향상을 위해 특별한 노력을 기울였다. 뇌세포는 하루 10만 개씩 줄어든다는 학설을 무시하고, '뇌세포도 육체의 일부다. 단련하는 방식에 따라 얼마든지 강해질 수 있다.'라고 생각하며 부단히 노력했던 것이다. 그랬더니 한창 젊을 때도 암기하기 쉽지 않았던 라틴어 장시長詩를 10절까지 외우게 되었고, 한시漢詩도 여러 편 외울 수 있다.

시를 외우는 것이 조금 어렵다면 노래방을 추천한다. 좋아하는 노래를 마지막 절까지 부르되, 화면의 가사를 보지 않고 외워서 부르는 것이다. 이런 훈련 또한 기억력 향상에 큰 도움이 된다. 이 같은 노력들이 모여 뇌를 단련시킨다. 뇌가 단련되면 기억력이 향상된다. 감히 말하지만, 나는 학창시절이나 대학교수 시절보다 80세를 맞은 지금의 기억력이 더 뛰어나다고 자신할 수 있다.

은퇴한 후에 남성들은 텔레비전 앞에 앉아 있는 시간이 많아진다. 전에는 아내들이 즐겨보던 드라마를 이제 남편들이 더 즐겨본다. 텔레비전만 쳐다보는 여생은 너무나 안쓰럽다. 그런 무기력한 모습은 생각만 해도 우울하다. 은퇴한 남성이 황혼이혼을 당하는 원인 중 하나가 바로 이런 모습 때문이라고 한다. 아무런 의욕도 없이 눈만 뜨면 텔레비전 앞에 앉아 있는 남편이 아내 입장에서는 얼마나 초라하고 답답해 보이겠는가. 은퇴 후에도 자신의 삶에서 무언가를 추구하고 매진하는 모습을 보여주어야 한다. 그것은 남에게 보여주기 위해서만이 아니라 스스로를 위해서도 반드시 필요한 일이다.

은퇴해서 조용히 살고 있는 늙은 무사가 주인공인 소설이 있다. 한때 조직 내에서 강력한 권력을 가지고 있었지만 은퇴한 후에는 할 일이 없어 거의 집에서만 지낸다. 이를 안타깝게 지켜보던 며느리의 권유로 그는 다시 낚시하러 가기도 하고, 검도장에도 나가고, 지인들과 술자리도 갖게 된다. 그러면서도 그가 반드시 지키는 습관이 한가지 있었는데, 그것은 집에 있을 때에는 항상 단정한 자세로 책을 읽는 것이었다.

소설 속의 이야기라고 대수롭지 않게 치부할 일이 아니다. 나 역시 반드시 본받아야 할 점이라고 생각했다. 옛 선조들은 실제로 이렇게 꼿꼿하게 앉아 책을 읽으며 생활했다. 스스로에게 예의를 갖춘다면 은퇴 후 집에 있는 시간이 길어진다 해도 폐기물 취급은 받지 않게 될 것이다. 두뇌건강을 위해서도, 그리고 품위 있는 여생을 보내기 위해서도 항상 긴장의 끈을 놓아서는 안 된다. 정신을 긴장시키고 시간을 의미 있게 보내는 방법으로 독서보다 더 좋은 것은 없다는 사실을 절대 잊지 말라. 당장 텔레비전을 끄고 책을 손에 잡아보자. 가족의 시선과 여생의 시간이 달라질 것이다.

# 27

# 독서를 통한
# 삶과 죽음에 대한 통찰

배움을 멈추지 말라. 지속적이고 끝없는 향상을 위해
날마다 노력을 경주하라.

— **앤서니 로빈스** Anthony Robbins —

지적 생활을 하는 데 있어서 독서는 필수다. 그렇다고 해서 아무 책이나 읽으라는 뜻은 아니다. 하지만 대부분의 은퇴자들에게는 읽을 만한 책을 고르는 것이 쉽지 않은 일이다. 정보가 부족하다 보니 모처럼 책을 읽으려고 해도 어떤 책이 좋은지 몰라서 선택하기 어렵다는 사람들이 많다. 은퇴 전부터 여생에 대한 목표를 세우고 무언가를 배우거나 꾸준히 관심을 기울인 사람들이야 별 문제가 없겠지만, 그렇지 않은 경우에는 남아도는 시간에 어떤 책을 읽어야 할지 난감해지게 마련이다.

그런 이들을 위해 책 한 권을 추천하고자 한다. 요즘 그다지 많이 읽히는 책은 아니지만 영원히 그 생명력을 이어갈 고전, 바로 파스칼의 명저 《팡세》다. 오랜 기간 베스트셀러이기도 했던 이 책은 내가 학생일 때만 해도 필독서에 속했다. 인생 후반기에 서서 지금까지 살아온 날들을 정리하고 살아갈 날들을 계획하고자 하는 이들에게 젊은 시절로 되돌아가 다시금 새롭게 출발하라는 의미에서 이 책을 권한다.

파스칼은 16세에 '파스칼의 정리'를 발견한 천재 수학자이자 물리학자였다. 이처럼 과학계의 영재였던 파스칼은 어느 날 신비한 체험을 하게 된다. 병을 앓고 있던 아끼던 조카딸이 아무런 이유 없이 치료되는 것을 보고 있는 순간, 눈앞에 신의 형상이 아른거리는 체험을 하게 된 것이다.

파스칼이 평범한 사람이었다면 이를 단순한 기적으로 여기고 말았을 것이다. 그러나 파스칼은 당대를 대표하는 과학자였다. 자신 앞에 나타난 놀라운 현상을 학문을 연구하듯 탐구하기 시작했다. 신의 출현이 어떻게 가능할 수 있는지 아픈 사람이 어떻게 기도만으로 다시 소생할 수 있는지 파고들었다. 당시 파스칼이 남긴 메모와 단편을 모아 사후에 편집해서 출판한 책이 바로 《팡세》다. 그래서 이 책에는 파스칼의 진솔한 생각과 직감이 가득 차 있다. 그 유명한 '인간은 생각하는 갈대'라는 명언도, '클레오파트라의 코가 좀 더 낮았다면 세계의 역사는 변했을 것이다.' 라는 말도 모두 이 책에 나온다.

한 가지 아쉬운 점이 있다면 《팡세》에서는 파스칼의 인간적인 단면들이 지나치게 부각되었다는 점이다. 그 때문에 파스칼이 진정으로 의도했던 것, 그리고 그의 평소 소신과 사상적 변화가 무엇인지 간과하고 있다. 현재 시중에 나와 있는 파스칼 관련 서적만 봐도 그렇다. 유명한 철학자조차도 파스칼을 연구한답시고 자신의 평소 주장에 억지로 《팡세》의 문구들을 대입하는 실수를 저지르고 있다. 이는 파스칼이 어떤 사람인지, 그의 삶이 무엇을 추구했는지 전혀 이해하지 못했기 때문이다.

파스칼은 《팡세》를 통해 무슨 말이 하고 싶었던 것일까? 이 책을 그저 철학적인 단편들을 모아놓은 것으로만 해석해서는 안 된다. 《팡세》의 대부분은 종교와 신앙과 인간의 관계를 다루고 있다. 파스칼에게는 이것이 가장 큰 의문이었던 것이다. 그렇다면 파스칼이 내린 결론은 무엇이었을까? 간단히 정리하자면, 확률적으로 볼 때 사후세계와 기적, 신의 존재에 대해서 인정하는 편이 좋다는 것이다. 파스칼은 신앙인이 아닌 과학자로서 이를 입증하고 싶어 했다.

누군가 평생 동안 사후세계와 신의 존재를 부정하며 살았다고 가정해보자. 그런데 죽고 보니 그의 믿음처럼 사후세계도, 신도 없다면 다행인 일이다. 그러면 반대로 사후세계와 신을 믿으며 살아온 경우를 생각해보자. 죽고 보니 사후세계도 신도 없다면, 이 사람은 자신이 믿고 살아온 한평생을 후회하게 될까? 그렇지는 않을 것이다. 죽은이는 무無로 돌아가 아무것도 인식할 수 없으므로 죽은 뒤에 후회를 하거나 억울해 할 일은 없다. 그러므로 살면서 신을 믿었더라도 결코 손해 볼 일은 아니라는 것이다.

사후세계와 신의 존재는 우리가 살고 있는 현실세계에서는 확인할 수 없다. 신을 믿는 사람들의 주장처럼 실제로 존재하는지, 아니면 무신론자들의 주장처럼 허황된 거짓말인지는 죽지 않고서는 절대 모른다. 다만 확률적으로 계산해볼 때 '존재할 수 있다.'는 답이 나온다.

만약 정말 신이 존재하고 있다고 가정해보자. 생전에 신을 부정하고 멋대로 살면서 법과 도덕을 가볍게 여기고 범죄를 저질렀는데, 막상 죽고 보니 사후세계와 신이 존재하고 있다면 어떻게 하겠는가? 그때는 후회해도 이미 늦다. 생전의 악행에 대한 심판이 기다리고 있을 뿐이다. 동양문화를 예로 들자면 염라대왕 앞에서 천벌을 받게 될지도 모른다. 따라서 지금은 그 존재를 파악할 수는 없지만 사후세계와 신의 존재를 인정하고 사는 편이 안전하다는 것이다.

확률적으로 고찰해봤을 때 무신론보다는 유신론이 여러모로 도움이 된다는 것이 파스칼의 입장이었다. 그는 사후세계와 신의 존재, 그리고 기적이라는 것을 맹목적으로 믿었던 것은 아니다. 자신이 겪은 신비한 체험을 계기로 이런 생각에 도달했다. 또한 과학자의 눈을 통해 연구하여 이론으로 정립하고자 했다. 그 과정에 대한 생생한 기록이《팡세》다. 그래서 나는 이 책을 과학자 파스칼의 투철한 신념과 예리한 통찰이 곳곳에 숨어 있는 명저 중의 명저라고 생각한다. 무엇보다 파스칼 같은 대천재 과학자마저도 종교의 필요성을 인정했다는 점에 주목하지 않을 수 없다.

인생의 황혼기에 접어들면 남은 시간들이 불안해지기 마련이다. 마음이 가라앉지 않고, 작은 일에도 갈피를 못 잡고 흔들릴 때가 많다. 이때 절대적 진리를 믿고 의지하려는 생각이 드는 것은 자연스러운 이치다. 물론 한편으로는 이제 와서 무언가를 새롭게 믿는다는 것이 우습고 철없다는 생각이 들 수도 있다. 그래서 갈피를 못 잡는 이들이라면 더더욱《팡세》를 권한다. 인간이 나이가 들수록 절대자의 존재를 겸허하게 받아들일 수밖에 없는 원인과 갈등이 대철학자의 시점에서 상세하게 서술되어 있기 때문이다.

《팡세》에는 수많은 인명과 언어가 등장한다. 플라톤과 키케로, 제논 같은 고대 그리스 로마의 철학자들부터 몽테뉴, 데카르트 같은 프랑스 사상가들까지 파스칼의 붓은 종횡무진하며 지적 능력을 드러낸다. 그러므로 이 한 권의 책을 읽다 보면 또 다른 지적 자극의 대상도 만날 수 있다. 그런 의미에서 《팡세》는 지적 여생의 첫 발을 내딛을 때 선택할 만한 최고의 책이라 할 수 있다.

28

# 삶의 통찰을 선사하는 인간이라는 미지의 존재

우리들 내부에는 우리가 결코 가본 적이 없는 장소들이 존재한다.
오직 한계를 밀어붙임으로써 우리는 그곳들을 찾을 수 있다.

— 조이스 브러더스 Joyce Brothers —

파스칼의 《팡세》와 더불어 여생을 마주한 은퇴세대들에게 추천하고 싶은 또 한 권의 책이 있다. 바로 알렉시스 카렐Alexis Carrel의 《인간, 이 미지의 존재》라는 책이다. 프랑스의 생물학자였던 카렐은 1912년에 노벨의학·생리학상을 수상했다. 또한 외과의사로도 유명했으며, 그 시절에 이미 혈관봉합수술에 성공하기도 했다.

카렐 역시 파스칼과 마찬가지로 '루르드Lourdes의 기적'이라는 신비한 체험을 했다. 루르드는 프랑스 남서부 피레네 산맥 북쪽에 있는 지방이다. 1858년, 14세의 소녀가 루르드의 한 동굴에서 성모 마리아의 환영幻影을 수차례 목격하는 사건이 벌어졌다. 그리고 그 동굴의 지하 샘물을 마시거나 그 물로 씻은 사람들이 병에서 치유되는 놀라운 기적이 일어났다. 그 이후 루르드는 '기적'을 체험하기 위해 찾아오는 순례자들의 발길이 끊이지 않는 가톨릭교의 성지가 되었다.

어느 날 카렐은 자신이 돌보던 결핵중증환자를 따라 루르드에 가게 되었다. 그리고 환자가 루르드의 샘물에 몸을 담그고 난 뒤에 치유되는 장면을 직접 목격했다. 너무나 놀라운 일이었지만, 과학자로서 이러한 기적을 쉽게 받아들일 수가 없었다. 그러나 이후로도 이러한 기적을 여러 번 접하면서 카렐은 의학만으로는 인간의 전부를 파악할 수 없다는 결론을 내린다. 제아무리 의학이 진보하더라도 인간에게는 여전히 미지의 영역이 있다고 생각한 것이다. 그는 좀 더 넓은 견지에서 인간을 바라보기 위해《인간, 이 미지의 존재》를 집필했다.

의학이 진보한다는 것은 다시 말하면 연구분야가 그만큼 세분화되었다는 것을 뜻한다. 즉 하나하나의 분야에 있어서는 분명 놀라운 성과를 보이고 있지만, 그렇게 세분화하여 인간을 파악하다보면 자칫 '장님이 말하는 코끼리'가 될 우려가 있다. 장님들이 한데 모여 코끼리를 만져보고는 제각기 코끼리에 대해 떠드는 것과 같다는 말이다. 상아를 만진 장님은 코끼리가 쇠처럼 단단하다고 우긴다. 다리를 만져본 장님은 기둥처럼 생겼다고 우긴다. 꼬리를 잡은 장님은 회초리처럼 생겼다고 우긴다. 아랫배를 더듬은 장님은 북처럼 생겼다고 우긴다. 이처럼 부분에 집착하다 보면 전체를 보지 못하기 때문에 오류와 착각에 빠지게 될 수 있는 것이다.

카렐은 현대의학이 이 같은 모순에 빠져 있다고 생각했다. 부분만 보다가는 인간, 그 자체를 온전히 파악할 수 없다고 생각했다. 그래서 그는 인간에 대한 거대한 연구를 구상하기 시작했다. 과학적으로 입증된 사실에만 얽매이기보다는 인간에 대하여 커다란 윤곽부터 다시 그려보기로 작정한 것이다. 그것이 본질적인 인간성을 확인하기 위해 가장 절실한 것이라고 판단했다.

그는 이 책에서 수많은 의학자들이 평생을 바쳐 연구한 결과들 중에서도 가장 확실한 사실만을 알기 쉽게 설명하고 있다. 사실만을 언급하다 보면 의학으로는 설명할 수 없는 여러 가지 현실적 한계들이 수면 위로 떠오른다. '루르드의 기적'도 그중 한 가지였다. 과학자들이 아무리 수질검사를 해봐도 질병을 고칠만한 특별한 요소가 발견되지 않았다. 의학적으로 아무리 깊이 연구해도 그런 물만으로 사람을 고칠 수 있다는 근거를 찾지 못했다. 그런데도 현실에서는 치유된 사람들이 분명 있었다. 이는 어김없는 사실이다. 기도라는 것도 마찬가지였다. 의학적으로 기도의 효용은

해명할 수가 없다. 그러나 기도를 함으로써 병이 완치된 사람들이 분명 존재한다. 이러한 사실을 어떻게 설명해야 좋을까.

최첨단 의학장비를 동원하고 수많은 연구성과들을 나열해도 인간의 본질은 쉽게 파악할 수 없다. 연구하면 연구할수록 인간이라는 개체는 더욱 복잡해진다. 그렇기 때문에 알 수 없는 어떤 부분, 인간의 해부학적 경계가 초월된 어느 지점에 '미지의 존재'가 상주하고 있음을 가정해보지 않을 수 없다. 이것이 카렐의 주장이다. 인간에 대한 존재를 이론적으로 분석해볼 수 있다는 점에서 이 책은 나이가 들어가는 은퇴세대에게 좋은 참고서가 될 수 있다.

파스칼의 《팡세》도, 알렉시스 카렐의 《인간, 이 미지의 존재》도 여생에서 무엇이 필요한지를 암시해주고 있다는 공통점이 있다. 은퇴 후 평균 25년이라는 방대한 시간이 우리를 기다리고 있다. 그 시간을 어떻게 보내야 할까? 무엇을 해야 의미 있게 보낼 수 있을까? 여생에 무엇을 해야 좋을지 모르겠다는 사람들, 무엇인가 해보고 싶은 사람들에게 특별히 파스칼의 《팡세》와 알렉시스 카렐의 《인간, 이 미지의 존재》를 권한다. 그저 그런 인생 수양서가 아니라 죽음에 이르기까지의 삶의 순간들을 통찰해볼 수 있는 값진 책들이다. 다가올 시간뿐 아니라 이제까지 살아온 시간들에 대해서도 새로운 의미를 부여할 수 있는 좋은 기회가 될 것이다.

# 29

# 몰입의 즐거움을 주는 고서적 수집

살아 있는 동안에는 결코 갈망과 소망을 버릴 수 없다.
아름답고 훌륭하다고 느끼는 것들은 언제나 있기 마련이고,
따라서 그에 대한 열망은 버릴 수 없는 것이다.

— 조지 엘리엇 George Eliot —

세상에는 오래된 물건을 수집하는 사람들이 있다. 고가구나 고미술품을 비롯해 고서적과 오래된 인형까지, 품목도 매우 다양하다. 특히 고서적을 수집하는 사람들 중에는 고전의 초판본이나 희귀본들을 손에 넣기 위해 때때로 상상하기조차 하기 힘든 거액을 지불하기도 한다.

그 정도의 수집광은 아니지만, 나 역시 고서적 수집에 관심이 많다. 시작은 전공 때문이었지만, 책이 지금처럼 흔하지 않던 학창 시절에 고서점을 들락거리며 독서를 즐겼던 추억이 큰 영향을 미

쳤다. 오래된 책에는 책의 내용과 더불어 그 책이 지나온 역사가 함께 느껴진다.

지금으로부터 50여 년 전, 나는 '최초의 영문법서는 언제, 어떤 상황에서 만들어졌는가?'라는 주제로 학위논문을 쓰게 되었다. 당시만 해도 영문법서의 발상發祥을 다룬 책이 없었고, 이에 관한 논문도 전무한 상황이었다. 최초의 영문법서는 16세기 후반에 영국에서 출판되었는데, 당시 일본에서는 구할 수조차 없었다. 당연히 나를 지도해줄 만한 영어학자도 전무했다. 은사 중 한 분이 19세기 후반 정부 유학생으로 뽑혀 영국에서 공부를 하셨는데, 입버릇처럼 이런 말씀을 하셨다.

"영국의 영문법 연구는 독일의 영문법 연구보다 50년이나 늦게 출발했다."

그 후 나는 독일 유학을 꿈꾸었고, 얼마 후 운 좋게 기회를 얻었다. 독일에서 유학하다 보니 스승의 말씀이 사실이었음을 알게 되었다. 영어의 종주국인 영국보다 독일에서 영문법 연구가 활발하다는 사실이 놀라웠다.

독일의 영문학자들은 영국에서 발간된 오래된 문법서를 복각판으로 보관하고 있었다. 영국에서 최초로 출판된 영문법서는 1900년대 초, 옥스퍼드 대학의 보들레인Bodleian 도서관에서 발견되었는데, 이것도 다름 아닌 독일인 학자에 의해서였다. 그는 이 영문법서를 필사해서 베를린의 학술잡지에 발표했다. 내가 논문에 참고한 것도 그가 만든 필사본이었다. 당시만 해도 이 영문법서는 전 세계에 단 한 권밖에 없는 책이었다.

훗날 같은 영문법서가 옥스퍼드의 크라이스트처치Christchurch라는 가장 귀족적인 칼리지college에서 발견되었다. 세계 최초로 인쇄된 영문법서가 두 권이나 있었다는 뜻이다. 안타깝게도 나는 원본을 보지 못한 채 교수직에서 물러났다. 정년퇴직 전까지 초기의 영문법서 6권 중 4권의 초판을 입수할 수 있었지만 가장 먼저 나온 영문법서는 끝내 필사본으로만 소장하게 되었다. 그러다 퇴직을 앞둔 시점에 초판을 만나게 되었다. 내 인생에서 가장 가슴이 뛰던 순간이었다.

영국 왕족 초창기인 18세기 초반, 일개 평민에서 법률가로 성공한 매커리지필드라는 인물이 백작으로 추대되었다. 매우 박식했던 그는 학자들이나 문인들과의 교류가 깊었다. 뉴턴과도 무척 친해서 그의 장례식 때는 직접 관을 짊어지기도 했다. 영어 연구에도 관심이 많아서 어느 여성학자의 고古영어문법서 출판을 위해 활자 주조 비용을 부담한 일도 있었다고 한다.

그의 외아들 또한 천문학자로 유명했으며, 뉴턴문헌의 최대 수집가이기도 했다. 당시 그가 수집한 뉴턴문헌은 케임브리지 대학에 보관되어 있다. 18세기의 상당수 학자들과 문인들이 매커리지

필드 백작 가家 소유의 샤반 성城을 자주 찾았다. 그곳에 있던 서고를 이용하기 위해서였다. 그 후 약 200년 동안 이 서고는 외부와 단절된 채 방치되어 있었다. 그러다 2009년에 마침내 장서를 처분하기에 이르렀다.

매커리지필드 백작 가문이 소유하고 있던 장서들이 시중에 매물로 나왔다는 사실을 듣고 나는 무척 흥분했다. 그중에는 내가 젊은 시절부터 그토록 찾아 헤맸던 세계 최초의 영문법서 초판도 포함되어 있었기 때문이다. 보들레인 도서관과 크라이스트처치에서 발견된 초판에 이은 세 번째 출현이었다. 이러한 사실을 나는 예전부터 잘 알고 지내던 영국의 한 고서점 사장으로부터 전해 들었다.

세계 최초의 영문법서인지라 가격은 굉장히 비쌌다. 그래도 내 인생에서 그토록 바라던 책을 갖게 될 수 있다는 기대와 소장가치로써의 의미가 너무나 컸기 때문에 조금도 주저하지 않았다. 나는 즉시 책을 주문했고, 며칠 후 항공편으로 받아보게 되었다.

책 한 권을 손에 넣기 위해 평생을 마음 써올 정도로 고서적 수집에 몰두하는 나의 행동이 일반적인 관점에서는 이해하기 힘들 수도 있다. 그러나 어떤 일이든 무언가에 깊이 몰두하고 있는 사람에게는 설명할 수 없는 즐거움이 있다. 오래된 책을 찾는 내 여정도 이와 마찬가지다. 나는 세월의 흔적이 묻어 있는 고서적

안에서 책 이상의 세상을 만나게 된다. 내가 경험하지 못한 기나긴 세월 속의 역사와 사람을 만난다. 그래서인지 나이가 들수록 고서적에 더욱 마음이 간다. 아마도 세월의 의미가 한층 더 절실하게 와 닿는 나이이기 때문이 아닐까 싶다.

30

# 외국어 공부는 지력과 언어능력을 향상시킨다

지식에 대한 욕구는 재물에 대한 욕심과 마찬가지로
얻으면 얻을수록 더 커진다.

— **로렌스 스턴** Laurence Sterne —

글로벌 시대가 되면서 영어에 대한 관심이 과거에 비해 무척 높아졌다. 직업상 필요에 의해서 영어를 배우는 사람들도 많아졌다. 그러나 학생이든 직장인이든 영어공부가 만만치 않다며 고민들을 한다. 영문과 교수로 은퇴한 나는 인생의 많은 시간을 영어를 공부하고 또 가르치는 데 써왔다. 그렇게 한평생을 보내온 전문가로서 요즘의 영어 열풍에 대해 느끼는 점이 많다.

얼마 전 지방에서 입시학원을 운영하는 S씨로부터 편지를 받았다. 영어교육 심포지엄을 계획 중인데 내가 참석해주었으면 한다는 내용이었다. 강사는 나까지 두 명이었는데, 다른 한 명은 세간에 이름이 꽤 알려진 교육자였다.

S씨는 요즘 고등학생들의 영어실력이 형편없는 것을 보고 충격을 받았다고 했다. 그래서 대학진학을 지도하는 한 사람으로서 책임감을 느껴 그런 심포지엄을 해냈다고 한다. 국제교류도 왕성하고, 인터넷을 통해 외국 사이트를 자유롭게 이용하고, 해외여행도 수시로 나서는 사람들이 늘고 있는 시대이기에 사람들의 평균적인 영어실력도 뛰어날 것이라고 생각할 수 있다. 더구나 국가 차원에서 영어교육에 열성을 기울이고 있기 때문에 대학입시를 앞둔 수험생의 영어실력은 당연히 예전보다 뛰어나리라고 생각할 것이다. 그러나 교육현장의 현실은 기대와 정반대다. 현장에서 학생들을 지켜본 교육관계자들은 매년 학생들의 수준이 떨어지고 있는 상황을 심각하게 받아들이고 있었다. 이과계의 성적, 특히 수학능력이 떨어지고 있다는 것은 언론을 통해 많이 알려졌지만, 영어도 그에 못지않다는 것이다.

나는 심포지엄에 참석하기로 결정했다. S씨의 개인자금으로 기획되었다는 점과 결코 저렴하지 않은 참가비 때문에 심포지엄 참가자는 그리 많지 않을 것이라고 생각했다. 그런데 예상 밖으로 회의장은 만원이었다. 참가자들은 거의 대부분 자비 부담으로 참가한 현직 고등학교 교사들이었다. 일선 교사들이 학력 저하의 위기감을 가장 뼈저리게 느끼고 있었다는 의미다. 한편으로는 가슴이 무척 뭉클하기도 했다.

심포지엄에서 내린 결론은 그동안 세간에 회자되었던 통설과 정반대였다. 지금까지는 학교에서 수년간 영어를 배웠음에도 불구하고 학생들이 기초적인 회화조차 제대로 못하는 이유가 문법 위주의 잘못된 영어교육 때문이라는 주장이 신빙성을 얻어 왔다. 그렇게 주장하는 사람들 중 대다수가 기업가이거나 정부의 고위관리, 또는 교육학자였기에 더욱 그럴싸하게 들렸다.

하지만 실상은 그렇지 않았다. 요즘은 어린 시절부터 영어를 접할 수 있는 기회가 많기 때문에 얼핏 보면 젊은이들이 영어를 잘하는 것처럼 보인다. 외국 여행을 가서 쇼핑이 가능할 정도의 영어회화는 구사하고 있기 때문이다. 그러나 깊이 들여다보면 그런 학생들이 영어원서는 읽지 못한다. 영어로 짧은 편지조차 쓰지 못한다. 그런 젊은이들이 해마다 대학을 졸업하고 있다. 극단적으로 말해, 현재의 젊은이들은 영어에 있어서는 문맹에 가깝다. 상황에 따른 의사소통은 가능하지만 신문이나 책을 읽거나 편지를 쓰는 것은 어림없다. 그것이 문맹이 아니고 무엇이겠는가. 다시 말해 문법에 관한 교육이 제대로 이루어지지 않고 있는 것이다.

영어에는 두 얼굴이 있다. 영어의 두 얼굴은 '한문'과 '한국어'에 비유할 수 있다. 일본인이 쓰는 한문은 현재 중국 본토에서는 거의 사용되지 않는 것들이다. 따라서 일본에서 통용되는 한문을 공부하고 싶다면 중국으로 유학을 갈 것이 아니라 일본의 한학자를 찾아가는 게 더 낫다. 그러나 한국어의 경우는 이와 반대다. 한국어를 배울 작정이라면 일본인 전문가를 만나는 것보다 한국인을 만나야 한다. 그것이 가장 빠른 방법이다. 한국어의 올바른 표현과 발음을 제대로 배울 수 있기 때문이다. 또한 현재 사용되는 한국어를 배우고자 한다면 한국고전을 공부할 필요가 없다. 왜냐하면 고전은 현재 사용되는 한국어와는 차이가 있기 때문이다. 그보다는 회화 중심으로 공부하는 편이 낫다.

영어의 경우도 마찬가지다. 오늘날 영어는 유일무이한 국제 공용어다. 회화능력도 중요하지만 한편으로는 고전적인 영문법을 알고 있어야 독해가 가능하고, 영어를 올바로 쓸 줄 아는 능력이 생긴다. 특히 영미사회의 주류에 진출하기 위해서는, 다시 말해 영미권의 대학에서 석사학위 이상을 취득하기 위해서는 난이도가 높은 영어원서를 독해하고, 문법적으로 흠잡을 데 없는 글쓰기를 할 수 있어야 한다. 이것이 기본이다.

영문법만 놓고 봤을 때 과거의 학교수업은 지금보다 훨씬 더 심도있게 진행되었다. 그래서 나의 경우에는 유학을 갔을 때 영어수업 시간에 큰 어려움을 겪지 않았다. 회화는 따라가기 힘들어 1년가량 고생했지만, 원서를 공부하는 데는 별 지장이 없었다. 회화 실력은 이론적인 노력보다 생물적인 조건반사가 더 크게 작용한다. 그렇기 때문에 영어로 모든 대화가 소통되는 환경에 일정기간 머물다보면 귀와 입이 트인다.

그러나 문법공부를 마치지 못한 학생이라면 유학길에 올라봤자 제대로 된 영어공부를 하기 어렵다. 말은 유창하게 할 수 있겠지만 글은 잘 쓰지도 읽지도 못하는 영어 문맹인과 다름없는 처지로 돌아올 수밖에 없다. 문법을 제대로 알지 못한 채 단어와 회화 중심으로 영어를 공부했다가는 아무리 오랜 기간 공부해도 긴 문장이나 중의적인 의미를 갖는 문장은 제대로 파악하지 못하게 된다. 실제로 미국인 중에서도 독립선언문과 워싱턴의 연설문을 이해하지 못하는 사람들이 적지 않다. 간단한 문장도 올바른 문법으로 쓰지 못하는 사람도 많다.

상황이 이런데도 중고등학교 영어교사들은 여전히 회화 중심, 실전 중심의 영어교육에 앞장서라는 무언의 압박에 시달리고 있다. 위기감과 무력감이 동시에 찾아들 수밖에 없다. “이대로 가다가는 나라의 미래가 불안하다.”고 걱정하는 교사들이 늘어나고 있는 것도 이 때문이다. 이미 오래 전부터 고등학교 교사들 사이에서는 정상적인 영어교육이 이루어지지 않고 있다는 공감대가 형성되었다고 한다. 예전에는 사립 이류대학도 힘든 영어실력으로 지금은 일류대학인 도쿄대학에 충분히 들어간다는 것이다. 영어원서를 올바로 해석하고, 자신의 생각을 올바른 영문법을 활용해 편지와 리포트로 옮기는 것이 'English'라고 한다면, 지폐와 카드로 쇼핑이나 할 수 있는 영어는 '엔円'이라는 통화의 힘을 빌린 것이므로 'Yenglish'라고 해도 될 것이다. 현재 교실에서 이루어지는 수업은 'English'가 아니라 'Yenglish'인 것이다.

한 번은 대학의 학장으로 있는 N씨로부터 다음과 같은 이야기를 들었다.

"고등학교에서 배운 영어교육이 훌륭했다는 것을 외국에 나가서야 알게 됐어요. 미국 유학시절에 박사논문을 쓰면서, 같이 공부하던 미국인 친구에게 논문 초고를 손봐달라고 부탁했거든요. 그 친구가 고쳐준 것을 제출했는데, 담당교수님이 지적한 부분을 보니까 전부 내가 처음에 썼던 문법이 맞았더라고요."

박사논문을 준비하는 미국인 학생보다 N씨의 영어실력이 문법적으로 더 정확했다는 이야기다. 나 역시 유학시절에 비슷한 경험을 여러 번 했다. 우리 시대에 배웠던 영어가 결코 뒤지지 않았다는 것을 확인한 순간이었다.

외국어는 어느 세대를 막론하고 지적 생활을 하는 데 매우 유용한 공부다. 그러나 은퇴세대들은 "나이 들어 머리도 굳었는데……."라며 지레 겁을 먹고 외국어 공부를 회피하곤 한다. 절대 그럴 일이 아니다. 은퇴세대들은 정통방식으로 외국어 공부를 한 세대다. 요즘 세대보다 기초가 튼튼하다는 말이다. 그러므로 그 바탕 위에 새로운 언어를 받아들이는 것은 그다지 어려운 일이 아니다. 한문도 좋고, 영어도 좋고, 독일어도 좋고, 라틴어도 좋다. 이들 언어를 제대로 구사할 수 있을 때까지 공부하다 보면 지력이 향상되고, 동시에 모국어 구사능력까지 향상될 것이다. 말도 자꾸 할수록 느는 법이다. 대화 상대가 적어지는 나이라서 언어구사능력이 떨어지게 되는 이때에 새로운 언어를 배운다면 모국어까지 유창하게 향상시킬 수 있는 일거양득이 아닌가. 당장 시작하지 않을 이유가 없다.

31

# 지적 여생을 위한 세 번째 조건, 사랑

사랑의 마음 속에는 언어를 초월하는 연민이 있다.

— **윌리엄 버틀러 예이츠** William Butler Yeats —

'제2의 인생'이라는 여생을 풍요롭게 보내기 위해 마음 깊은 곳에서 우러나는 흥미를 찾아내고, 건강을 유지하기 위한 체력도 갖추었다고 하자. 그렇다면 이제 지적 여생을 보내기 위한 모든 준비를 마쳤다고 할 수 있을까? 그렇지 않다. 아직 '관계'라는 중요한 요소가 빠져 있다. 배낭 하나 짊어지고 떠나는 여행은 혼자서도 가능하지만, 인생이라는 여행을 혼자 가는 것은 힘든 일이다. 수많은 관계 속에서 이루어지는 것이 인생이 아니던가.

최근 역사 드라마에 열광하는 여성들이 많아졌다. '역사 드라마를 좋아하는 여성'이라는 말을 줄여 '역녀歷女'라는 신조어가 탄생했을 정도다. 역사 드라마라고 해도 사랑 이야기가 빠질 수는 없다. 한 인기 드라마에 나오는 '愛'라는 한자가 드라마의 인기와 더불어 유행하고 있다. 아마 앞으로도 '사랑'을 뜻하는 '愛'라는 한자를 여기저기에서 보게 될 듯하다. 그렇다면 언제부터 우리는 '사랑'이라는 말을 이처럼 친근하게 사용하게 되었을까?

'愛'의 일본식 발음인 '아이'는 중국어에서 유래했다. 고유의 일본어가 없다는 것은 '愛'라는 한자어가 일본에서 뿌리를 내리지 못했다는 증거이기도 하다. 사실 '愛'라는 한자에 일본인은 감정이입이 어렵다. 그 때문에 오랜 세월 사람들 입에 자주 오르내리지 않았고, 우리 세대 사람들은 지금도 이 단어에 위화감을 느끼곤 한다. 최근 들어 드라마와 영화마다 '愛'라는 표현이 난무하고 있는데, 이것은 아마도 미국 영화에 툭하면 '아이 러브 유I love you'가 나오는 것을 보고 흉내 내는 게 아닌가 싶다.

'애도하다'라고 할 때의 '哀애'라는 글자는 '愛'와 어원이 같다. 발음 역시 같은 '아이'다. 결국 '사랑愛에는 슬픔哀이 담겨 있다.'는 뜻이다. 옛 사람들은 사랑하는 사람 앞에서는 가슴이 두근거려 말을 잘 잇지 못했다. 사랑하는 사람을 잃은 뒤에 슬픔으로 눈물이 흐를 때에도 울음소리마저 마음껏 낼 수 없었다. 요즘 세대는 전혀 공감할 수 없는 이야기일 것이다. 그러나 처음 한자를 만들고 사용해온 옛 선조들이 '愛'와 '哀'로 사랑이라는 감정을 표현해 왔던 것만은 사실이다.

오래된 시집을 보다 보면, 옛 사람들이 생각한 '사랑'이 지금과는 달랐다는 것을 알 수 있다. 가장 오래된 시집인 《만요슈萬葉集》에는 "부모를 뵈올 때 공경하고, 처자를 보면 사랑스럽고도 가엾다."라는 시구가 나온다. 옛 사람들에게 '愛'는 '슬픔'과 '사랑스러움'이 뒤얽힌 복잡한 의미였던 것이다.

나 역시 '사랑'이라는 말 속에 '애처로움'이 내재되어 있다는 것을 깨달은 적이 있다. 셋째아이가 태어나고 2년쯤 지났을 때였다. 혼자 미국에서 객원교수로 활동하다가 잠시 귀국했던 어느 날, 셋째아이가 혼자 마당에서 놀고 있는 모습을 보았다. 특별할 것 하나 없는 일상적인 풍경이었다. 그런데 이상하게도 갑자기 아이가 불쌍해서 견딜 수 없는 기분이 드는 게 아닌가. 단순히 혼자 놀고 있는 모습이 외톨이처럼 보였기 때문에 그렇게 느꼈던 것이 아니었다. 평소에는 형과 누나 혹은 친구들과 잘 어울려 신나게 노는 아이인데, 그날따라 혼자 놀게 된 것뿐이다. 어디가 아픈 것도 아니고, 몸이 불편하지도 않았다. 야단을 맞았다거나 누구와 싸워서 울고 있었던 것도 아니다. 아이는 아빠가 옆에 있다는 것도 의식하지 못한 채 혼자 재미있게 놀고 있었는데, 그 모습을 보며 나 혼자 상념에 잠긴 것이다. 평소였다면 느긋한 마음으로 그저 아이가 혼자 뛰놀다 다치지 않도록 지켜보기만 했을 텐데, '오늘따라 왜 이러지?' 하면서 몇 번이나 고개를 갸우뚱거렸던 기억이 난다. 난생 처음 겪는 일이라서 그러한 감정이 무척이나 당혹스러웠다.

첫째와 둘째아이를 보면서 그런 느낌을 가졌던 적이 없었기 때문에 더욱 낯설게 느껴졌다. 나중에 나름대로 이런 답을 내렸다. 위의 두 아이를 키울 때는 우리 부부가 젊었다. 육아도 처음 이어서 모든 게 악전고투였기 때문에 아이들을 바라보면서 멍하니 감상에 빠질 여유가 없었다. 그에 비하면 셋째가 태어났을 때는 육아에 대한 경험도 쌓였고, 사회적인 위치와 연륜도 있어서 좀 더 여유로운 부모가 되어 있었다. 그래서 아이를 지켜보는 감정의 폭이 넓어졌던 것 같다. 세 아이들 중 가장 뒤처진 듯해서 잘 놀고 있는 모습마저 애처롭게 느껴졌던 것이다. 하지만 그 감정은 단순한 애처로움이 아니었다. 눈에 넣어도 아프지 않을 만큼 사랑스럽고 귀여운데 마음 한켠이 애절해졌을 뿐이다. 사랑하는 마음이 이루 말할 수 없이 부풀어 올라 '사랑해'라는 말조차 하지 못할 만큼 가슴이 먹먹해졌던 것이다.

내가 중학교 입학시험을 앞두고 열심히 공부하고 있을 때, 내 곁을 지키던 어머니께서 혼잣말처럼 이런 말씀을 하셨다.

"아이고 불쌍한 내 새끼."

요즘도 밤늦도록 학원에 다니며 지쳐 있는 아이들의 모습을 보고 불쌍하다고 말하는 부모가 많을 것이다. 그러나 말의 표현과 의미는 조금 다르다. 내가 어렸을 때만 해도 중학교에 진학하는 아이들은 반에서 10퍼센트도 안 되었다. 대부분의 아이들이 날이 어두워질 때까지 마음껏 뛰놀았지만, 중학교에 도전하는 아이들은 책상 앞에 앉아 있어야 했다. 그래도 입시에 도전한다는 것 자체가 학업성적이 뛰어나다는 것이었으므로 어머니에게는 자랑거리였다. 그런데도 어머니는 나를 보며 대견해하기보다는 "불쌍하기도 해라." 하며 안타까워하셨다. 지나고 보니 내가 셋째아이를 보며 느꼈던 감정과 그때 어머니의 마음이 비슷한 듯하다. 진짜로 불쌍해서 불쌍하다고 말한 게 아니라 어린 자식이 작은 몸을 웅크리고 열심히 공부하는 모습이 기특해서, 그 노력이 사랑스러워서 급기야는 안쓰러운 마음까지 들었던 것이다. 사랑하는 마음이 애처로움으로 표현된 셈이다.

이런 사랑은 석가모니의 사랑에 비교할 수 있을 듯하다. 석가모니는 인간들이 사사로운 욕망에 휘둘리며 우왕좌왕 방황하는 모습을 보고 사랑스러운 한편으로 가여운 마음이 들었을 것이다. 흔히 부처님의 사랑을 일컬어 '자비慈悲'라는 표현을 하는데, 부모의 사랑이야말로 자비의 마음이다.

사랑을 하면 슬픔이 밀려온다. 아니, 사랑하기에 슬픔이 밀려온다. 이것이 사랑의 또 다른 표현인 '哀'가 아닐까 싶다. 내가 셋째아이를 보면서 느꼈던 사랑의 감정은 내 힘으로는 억누를 수 없는 파도와 같았다. 그런데 나중에 알고 보니 '愛'라는 글자는 '사랑하다'라는 의미만이 아니라 '견딜 수 없다'라는 의미로 사용되기도 한다는 것이었다. 하기야 사랑에 한 번 빠지면 그 마음을 참고 견뎌내기가 얼마나 어렵던가.

아이를 보며 슬픔이 느껴졌던 것은 아이에게 해줄 수 있는 것이 없음에 대한 아쉬움이 마음 한구석에 있었기 때문이다. 사랑 뒤에 오는 일종의 무력감 같은 것인데, 제아무리 사랑한다고 해도 모든 것을 다해줄 수는 없기 때문이다. 실제로 나는 아이가 정말 필요로 했던 것을 못해준 적이 더 많았다. 불교의 자비도 결국은 이런 안타까움에서 비롯된 것이 아닐까.

작가인 아쿠타가와 류노스케芥川龍之介는 이런 감정을 《거미줄》이라는 작품에서 간결한 문체로 묘사한 바 있다. 도와줘야 하는데 도와줄 수 없는 상황, 그래서 사랑하는 마음에 '애처로움'이 더해진다.

그렇게 생각하니 '사랑스럽다'는 말처럼 인간의 다양한 감정을 함축하고 있는 말도 없는 듯하다. '사랑'이라는 단어에서 '귀엽다'와 '불쌍하다'는 감정을 끄집어낸 옛 사람들은 무의식적으로 '사랑'에는 '愛'와 '哀'가 있음을 알고 있었던 것이다. 그리고 그 감정은 입술이 닿지 않는 마음 깊숙한 곳에서 전해지는 것이기에 함부로 '사랑'이라는 말을 쓰지 않았던 것이다. 요즘처럼 드라마에서 쉽게 표현하는 '사랑'과는 그 깊이가 다르지 않은가.

# 32

# 노년에는 그윽하고 애잔한 사랑이 그립다

가장 오래 지속되는 사랑은
다시는 돌아오지 않는 사랑이다.

— 윌리엄 서머셋 모음 Willian Somerset Matgham —

언어의 어원을 따라가다 보면 세상의 진리에 한 걸음 더 다가간다는 기분이 든다. 일본어의 '사랑愛'에 관한 어원을 따라가다 보면 자녀에 대한 부모의 마음, 인간을 향한 부처의 마음까지 만나게 된다. 서구 언어의 기본이 되는 라틴어의 '사랑'의 어원을 살펴 보면 정확히 일본어와 반대 방향에서 태어났다는 것을 알 수 있다. 라틴어에서 '사랑'은 'amo'이며, 명사형은 'amor'다. 'amo'의 어원은 유아어다. 아기가 엄마를 보고 '아마, 아마' 하고 옹알이한 데서 나온 말이라고 한다. '마마'와 같은 의미로 엄마를 찾는 아이의 마음, 즉 엄마를 향한 아이의 사랑이 기초가 된 단어다.

영어 'love'와 어원이 같다고 알려진 독일어 'liebe'는 'amo'와 태생이 다르다. 'liebe'는 영어로 나뭇잎을 뜻하는 'leaf'와 어원이 같다. 독일 유학시절 나의 은사였던 슈나이더 선생의 주장인데, '신앙'을 뜻하는 'belief'도 같은 어원이라고 한다. 즉 'leaf'에 강조형 'be'가 붙은 것이다. 과거에는 신앙적인 행사를 앞두고 나뭇잎으로 악귀를 쫓는 절차를 진행했는데, 'liebe'와 'love'는 제사에 사용된 이 나뭇잎에서 파생된 말이다. 지금은 종교적인 의미는 사라지고 남편의 출근길을 배웅하는 아내가 'I love you' 하며 애정을 전하는 표현으로 전락했다. '사랑'이라는 표현은 각 나라, 각 사회마다 이해와 정도가 다르다. 드러내고자 하는 감정은 동일하더라도 감정의 온도차가 다르다는 뜻이다. 그러니 굳이 서양을 따라할 필요는 없다고 본다. 이 또한 엄연히 문화적인 개성이다.

나는 '사랑'이라는 감정에서 '애처롭다'는 의미가 일본인에게 가장 잘 어울리는 옷이라고 생각한다. 옛 사람들은 '사랑'이라는 단어의 내면에 숨어 있는 속 깊은 정을 알고 있었다. 그 때문에 사랑의 표현을 더 어려워했던 게 아닐까 싶다. 대신 "나는 당신을 사랑합니다."라고 노골적으로 표현하지 않아도 그 마음이 상대방에게 전달되도록 마음 졸이며 노력하지 않았을까? 옛 사람들은 입으로 수천 번 같은 말을 되풀이하기보다는 마음을 전하는 것이 더 중요하다고 생각했다.

영화 《매미울음》의 마지막 장면에는 그러한 정서와 전통이 잘 드러나 있다. 분시로와 오후쿠는 이웃에 사는 소꿉친구였다. 아무 일 없이 성장했다면 두 사람은 부부가 되었을 것이다. 서로 입 밖에 내어 말한 적은 없지만 당연히 그렇게 생각하고 있었다. 하지만 운명이 두 사람을 갈라놓는다. 오후쿠는 도시의 무사 집안으로 식모살이를 하기 위해 떠났다. 그리고 얼마 후 그 집 주인의 눈에 들어 대를 이을 아들을 낳게 된다. 분시로는 지방의 권력 다툼에 휘말려 무사의 길을 걷게 되고, 우여곡절 끝에 처자식을 거느리는 몸이 되었다. 그런 두 사람이 20여 년 만에 재회하면서 두 사람의 운명은 또 한 번 이어진다. 긴 세월이 지난 후 마주친 두 사람은 이런 대화를 나눈다.

"우린 각자 한 아이의 부모가 되었군요."

"그렇군요."

"분시로님의 아이가 내 아이고, 내 아이가 분시로님의 아이가 될 수는 없었을까요?"

불현듯 오후쿠가 묻는다. 하지만 얼굴은 평온하게 미소를 띠고 있다. 한때는 믿어 의심치 않았던 광경이었을 것이다. 그녀의 얼굴은 마치 그 광경을 떠올려보는 듯 온화하다. 분시로의 얼굴에도 미소가 떠올랐다. 그리고 이렇게 대답한다.

"그렇게 하지 못했음을 죽을 때까지 뉘우치며 살 겁니다."

"진심이신가요?"

"…"

"고마워요. 하지만 틀림없이 이렇게 끝났을 거예요. 세상에 뉘우칠 일 하나 없이 사는 사람은 없으니까요. 참 덧없는 세상이군요."

사랑의 결말이 항상 아름답기만 한 것은 아니다. 사랑은 때로는 슬픔보다 더 슬픈 얼굴을 지닌다. 그러나 세파世波에 떠밀려 어긋난 운명 아래 놓은 두 사람도 이처럼 평온하게 과거를 이야기하며 자신들의 감정을 추스릴 수 있는 것. 그것이 옛 사람들의 사랑이었다. 나는 요즘처럼 뜨겁고 요란한 사랑보다 옛 사람들의 그윽하고 애잔한 사랑이 그립다. 그런 것을 보면 나이는 어쩔 수가 없나 보다.

33

# 손자 없는 시대를 받아들여라

여자는 약하나 어머니는 강하다.

— **윌리엄 셰익스피어** William Shakespeare —

오래 전부터 출산율 감소 추세에 대한 사회적 우려들이 제기되어왔다. 그러나 최근에는 "출산율 감소 정도가 아니다. 손자 없는 시대가 오고 있다!"라는 기사까지 나올 정도로 심각한 상황이다. 하긴 내 주위만 보더라도 사태가 꽤나 심각하다는 인상을 받게 된다.

사실상 출산율 감소 추세의 출발은 우리 세대부터였다. 젊은 나이에 세상을 뜬 형을 포함해서 나의 형제는 4남매였고, 아내 쪽은 5남매였다. 그런데 각자 출가를 한 뒤에 낳은 자녀들의 숫자는 내 형제 쪽은 평균 3명이고, 아내 쪽은 평균 2.6명이다. 그러니 부모님 세대에서 본다면 우리가 낳은 아이들은 '출산율 감소'에 해당된다. 우리 부모님은 4명의 아이를 낳았는데 자식들은 3명을 낳고, 아내의 부모님은 5명을 낳았는데 그 자식들은 3명도 채 못 낳았으니 말이다.

그러나 그때까지만 해도 심각한 상황은 아니었다. 우리 아이들의 아이, 즉 내 손자 세대까지 계산을 확대해보면 우리 세대의 10분의 1에도 못 미치는 것 같다. 한 자녀만 낳는 집이 대부분이고 아예 결혼을 안 하거나 아이를 갖지 않는 집도 많으니 말이다. 이런 추세다 보니 21세기 후반에는 인구가 지금의 절반으로 줄어든다고 한다. 그렇더라도 세대별 균형이 이루어진다면 괜찮을 텐데, 젊은 세대에 비해 노인인구가 지나치게 많아진다는 것이 문제다. 그렇다면 왜 이런 사회적인 문제들이 발생하는 것일까? 이는 여성들의 사회 진출과 큰 관련이 있는 듯하다.

만찬이나 파티에 참석해보면 유난히 눈에 들어오는 여성들이 있다. 현대적인 미인과 달리 인상이 너그럽고 귀티가 나는 여성들이다. 옛 귀족 출신이라 짐작하고 물어보면 당황한 듯 고개를 내젓는다. 그녀들의 공통적인 특징은 유아교육을 전공하고, 실제로 보육교사로 근무한 경력이 있다는 점이다. 두세 차례 경험만 가지고 일반화하는 것은 매우 위험한 발상이지만, 흔치 않은 일이 반복되다보니 자연스럽게 그런 추론을 하게 되었다.

만찬이나 파티 자리에 참석하는 여성들 중 대부분은 직장인이다. 지적이며 미인이기까지 한 여성이 적지 않다. 바깥 사회에는 그런 타입의 여성들이 일선에서 활약하는 경우가 많다. 그런데 보육과 관련된 일을 했거나 하고 있는 여성들은 직장여성들과는 분위기가 조금 다르다. 남자들의 세계에서 함께 부딪히며 일하는 여성들과 아이들 사이에서 모성을 발휘하며 일하는 여성들은 직업적 특성이 다르기 때문이다. 위험한 비약이라는 것은 인정하겠다. 그러나 세 번의 경험을 통해 나는 은근히 그런 결론을 내리게 되었다.

과거에는 밖에서 일하는 여성과 그렇지 않는 여성의 얼굴을 누구나 구별할 수 있었다. 그 옛날 여자가 할 수 있는 바깥일이라고는 농사일이 전부였다. 간혹 도시의 소매상에서 일하거나 생선을 팔러 다니는 어촌 여성도 있었는데, 어쨌든 바깥일을 하는 여성들은 표정이나 분위기가 집안일만 하는 여성들과 완전히 달랐다. 스포츠에서 여성선수의 목표는 남자의 몸, 즉 남자에 가까운 근육을 키우는 것이라고 한다. 비즈니스 세계에서도 여성이 성공하려면 두뇌활동은 물론 역할과 처세가 남성을 뛰어넘어야 한다. 이처럼 바깥일을 하는 여성들은 남자보다 더 남성스럽고 강해졌다. 또한 시대가 변하면서 여성들의 사회진출이 늘어났고, 남성에게 굴하지 않는 당당한 태도를 지닌 여성들이 인정받게 되었다.

하지만 여성에게는 오랜 세월을 거치며 이어져온 이상적인 모습이 있다. 19세기 후반에만 해도 상당한 교양을 갖춘 귀족여성이라고 해도 사회적 위상은 폐쇄적이고 정체된 신분이었다. 여성들의 바깥출입은 쉽게 허락되지 않았다. 현대에 들어서면서 서부와 계급이 만든 여성상이 나타났다고는 하지만 여전히 이상적으로 여겨지던 여성상은 노동과 사회적 책무에는 일체 관여하지 않고 남편을 충실하게 내조하며 사교만찬에 출입하는 부류였다. 그녀들은 문학을 이해했고, 다도와 분재의 멋을 아는 지적인 면모를 갖추었다. 그리고 매우 고귀한 또 한 가지 아름다움을 갖추고 있었다. 그것은 바로 '아이에 대한 사랑', 즉 아이를 헌신적으로 돌보는 모성이다. 이것이 여성들을 아름답게 만든 '미美'의 원천이 아닐까 싶다.

이 같은 고전적인 여성상은 이제 찾아보기 힘들다. 물론 사회의 변혁과 발전에 따른 당연한 결과라고 생각할 수 있다. 최근에는 여자와 남자가 평등하게 교육을 받고 사회에 나가면 능력에 따라 인정을 받게 된다. 여자와 남자가 같은 일에 종사할 수 있도록 사회가 변화하고 있다. 여성 교육의 목표가 비즈니스우먼, 또는 커리어우먼을 키우는 방향으로 진행되고 있다. 특히 현대에 와서는 자녀를 낳지 않는 여성도 늘고 있고 자녀를 낳았다 하더라도 사회활동 때문에 육아를 다른 이들에게 맡기는 경우가 많다. 그렇다 보니 자연스럽게 '모성'의 분위기를 풍기는 여성은 보육시설이나 유치원에서 일하거나 일했던 여성들인 경우가 많은 듯싶다. 고리타분한 옛 시대를 살아왔던 노인네의 생각일 수도 있지만, 어쩐지 그런 느낌을 지우기 힘들다. 아마도 다음 세대들이 점점 줄어들고 있는 현실에 대한 염려가 마음속에 그런 예민한 편견을 키웠는지도 모르겠다.

수년 전 일이다. 미국의 부시 대통령이 이라크 전쟁 문제로 재선이 힘들 것이라는 언론보도가 이슈가 되었다. 그런데 미국의 몇몇 잡지에서는 부시에게 강력한 비밀무기가 있기 때문에 뚜껑을 열어봐야 한다는 주장이 제기되었다. 비밀무기란 다름 아닌 로라 부시, 즉 부시 대통령의 부인이었다. 그녀는 외부에 노출되는 것을 극도로 싫어했다. 소위 말하는 가정적인 여성이었다. 미국에서 점차 사라져가고 있는 전통적인 아내와 어머니의 모습을 갖추었던 것이다.

정치전문가들은 그녀의 잠재적인 인기가 엄청나다고 단언했다. 힐러리 클린턴도 능력 있는 커리어우먼의 전형을 보여주어 대중의 인기를 얻었지만, 뜻밖에도 그와 정반대되는 로라 부시의 인기도 그에 못지않았던 것이다. 그 모습을 보면서 '미국에도 아직 고전적인 여성상에 대한 동경이 남아 있나 보다.'하고 생각했다. 이것만은 단언할 수 있다. 말로 표현하지는 않아도 많은 이들의 마음속에는 소위 고전적인 여성상에 대한 동경이 남아 있다. 인간의 생명이 이어지는 한 '모성'이란 결코 사라질 수 없기 때문이다. 우리 모두가 어머니로부터 나오지 않았던가.

# 34

# 건강을 보장하는 세 가지 -호흡, 영양, 실천

중요한 것은 말하는 것이나 희망하는 것,
바라는 것이나 의도하는 것이 아니라 행동하는 것이다.

— **브라이언 트레이시** Brian Tracy —

요즘 서점에 나가보면 건강 관련 책들이 크게 늘어났다는 것을 실감하게 된다. 진열 매대도 갈수록 커지고, 서가에는 중년과 고령층 독자들이 유난히 많아졌다. 길어진 여생을 의미 있게 보내려면 무엇보다 건강이 뒷받침되어야 할 테니, 은퇴세대들이 건강에 대한 관심을 보이는 것은 어쩌면 당연한 일이다.

나 역시 지금까지 누구 못지않게 건강에 신경을 써왔다. 건강에 관한 다양한 책들을 읽으며 근본적인 건강법과 원리를 파악하려고 노력한다. 그렇다 보니 건강법에는 대체로 두 가지 큰 흐름이 있다는 것을 깨닫게 되었다. 첫째는 호흡법, 즉 '숨'에 관한 것이고, 둘째는 '영양'에 관한 것으로, 생명을 물리화학의 대상으로 바라보는 방식이다.

'생명生命'이라는 단어의 뜻에는 여러 가지 설명이 있는데, '숨을 쉬고 있는 동안'이라는 해석이 가장 유력하다. 숨이 사라지면 생명도 꺼진다. 그래서 옛날부터 죽음을 '숨이 끊어졌다.'라고 표현했던 것이다. 서양에서도 죽음을 숨과 연결된 의미로 표현 해왔다. 영어에서 죽음을 뜻하는 'expire'라는 단어의 어원은 라틴어에서 숨을 의미하는 'spirare'이다. 앞에 붙은 'ex'는 '나간다'는 의미이므로 '마지막 숨을 토하고 죽는다.'는 묘사에서 비롯된 것이라고 할 수 있다. 같은 어원을 가진 단어 가운데 정신과 영감을 의미하는 'spirit'도 있다. 이것을 보면 선조들은 숨과 정신을 일정 부분 동일하게 여겼다는 점을 알 수 있다.

플라톤Platon 이래 서양인은 영혼을 중시해왔다. 영혼이 인간의 숨, 즉 생명과 관련이 깊다고 의식했기 때문이다. 성서에도 신은 흙을 빚어 인간의 육체를 만들고 코에 '숨을 불어넣어' 살아있는 생명으로 완성시켰다는 구절이 있다.

최근에는 건강을 유지하기 위해서 가장 중요한 것은 호흡법이라며, "숨을 제대로 쉬어야 한다."고 강조하는 학자들이 많다. 대표적인 학자가 시오야 노부오鹽谷信男 선생이다. 선생은 독자적인 호흡법을 개발하기도 했는데, 아흔이 넘도록 건강하게 골프를 즐기고 있는 모습으로 스스로 그 효과를 증명해 보이고 있다. 그는 이른바 '에이지 슈트age shoot'를 3회나 달성했고, 그중 한 번은 94세 때였다고 한다. 에이지 슈트란 골프에서 18홀을 자신의 나이와 같거나 그보다 더 적은 타수로 라운드하는 것을 말한다. 나이가 들수록 지구력과 집중력이 떨어지기 때문에 결코 쉽지 않은 기록인데, 그것을 90대에 기록했다는 것은 놀라운 일이 아닐 수 없다.

호흡을 중요하게 여기는 학자들과 달리, 영양에서 건강의 답을 찾는 학자들도 많이 있다. 이 분야의 대표적인 학자는 미쓰이시 이와오三石巖 선생이다. 미쓰이시 선생도 90세가 넘는 나이에 열정적으로 집필과 강연 활동을 하며, 자신이 정립한 새로운 건강이론을 전파하는 일에 매진하고 있다.

미쓰이시 선생은 분자생물학을 기초로 하는 '분자영양학'을 창시하여 자신의 이론을 정립했다. 그는 인체활동을 거대한 물리화학 반응으로 해석한다. 건강을 유지하기 위해서는 세포의 관리가 필요하다는 것인데, 물리화학적 고찰 없이 영양학은 성립되지 않는다는 것이 미쓰이시 선생의 주장이다. 생명을 물질로 파악하는 철저한 과학지상주의인 셈이다.

숨을 중시하는 것과 영양을 중시하는 것 가운데 과연 어느 쪽이 건강한 여생을 보내는 데 더 효과적일까? 장수의 답은 이 두

가지를 적절히 병용하는 것이리라. 호흡법을 중시하는 시오야 선생도, 영양학을 중시하는 미쓰이시 선생도 건강하게 90대까지 장수한 것을 보면 어느 한 쪽이 옳다고 단정하기 어렵다.

아울러 이들을 보면서 나는 또 한 가지 새로운 답을 찾아냈다. 장수를 위해 가장 중요한 것은 바로 실천에 있다는 것이다. 실천이야말로 건강을 유지하기 위한 절대비결이다. 영양학을 중시하든 호흡법을 중시하든, 아는 것만으로는 아무런 소용이 없다. 자신이 믿는 바를 꾸준히 실천하는 것이야말로 건강한 여생을 보장하는 왕도다.

35

# 지적 여생의 기반이 되는 육체적 건강

인생의 안일도, 예지도, 학식도, 미덕도 건강이 아니면
빛을 잃고 사라져버릴 것이다.

— **몽테뉴** Montaigne —

"생명은 짧으니 사랑하라, 아가씨여."

거장 구로자와 아키라黒澤明 감독의 〈살다〉라는 영화를 보면 주인공이 혼자 그네를 타며 노래하는 장면이 나오는데, 그 가사의 한 대목이다. 오랫동안 우리에게 생명은 봄날 한때처럼 짧은 것이었다. 아마 누구라도 죽음을 앞두고 인생을 돌아볼 때는 생명이 그저 짧은 한순간이었다고 느껴질 것이다. 그러나 생의 길이에 대한 인식은 시대마다 조금씩 달랐다.

요시다 겐코라는 시인은 〈도연초〉라는 시에서 '생명이 길수록 수치도 많다.'라고 썼다. 그리고 '마흔 살이 되기 전에 죽는다면 다행일 뿐'이라며 삶에 대한 회한을 토로했다. 이 시가 나온 시대는 단명短命의 시대였으니 마흔 살이라는 기대수명을 요즘의 마흔 살로 이해해서는 안 될 것이다. 하지만 '인생은 80부터'라고 말할 정도로 장수의 시대를 살고 있는 현대인과는 생生에 대한 정서가 달랐다. 그 시절의 사람들은 오래 살수록 수치를 당할 일도 많아진다고 생각했다. 전쟁이 빈발했고, 세상은 혼란스럽던 시절이었다. 그런 환경 속에서라면 차라리 마흔 살 무렵까지 화려하게 살다가 깨끗하게 사라지는 편이 행복하다고 여겼을지도 모른다.

하지만 평화로운 시대가 찾아오면서 사람들은 장수長壽를 기대하기 시작했다. 그래서 급기야 이런 속담까지 만들어졌다.

'생명이 길어지면 봉래蓬萊를 만난다.'

봉래란 신선들이 모여 산다는 중국의 영산靈山, 봉래산蓬萊山을 나타내며, 이 속담에서는 '경사'를 뜻한다. '오래 살수록 경사'라니, '생명이 길수록 수치도 많다.'는 한탄과는 정확히 반대되는 시각이다. '생명이 붙어있기만 하면 해파리도 뼈가 생긴다.'는 속담도 있다. 오래 살다 보면 흐물흐물한 해파리에게도 뼈가 생길지 모른다고 기대한 옛 사람들의 유머다. 어쨌든 오래 사는 것이 좋은 것이라는 믿음이 그 바탕에 깔려 있다.

평화롭고도 풍요로운 시대에 살고 있는 나 역시 장수를 꿈꾼다. 어떤 모욕과 수치를 당해도 좋으니 오래 살고 싶다는 마음이 간절하다. 100세쯤 되면 생사에 대해 초연해질 수 있을 것 같다. 신에게 의지하려는 나약한 마음에서 해방되는 초연한 경지, 그 즈음이면 죽음도 대수롭지 않게 받아들일 수 있지 않을까.

당연한 말이지만 오래 살기 위해서는 건강이 중요하다. 아무리 근사한 계획을 세우고 굳은 결심을 해도 몸져누워버리면 소용이 없다. 젊은 시절 병상에 누워 시간을 보내는 것은 오히려 지적 성찰에 도움이 될 수 있지만, 나이 들어서는 사정이 다르다. 생의 기운을 잃고 더욱 허약해질 수 있기 때문이다. 그래서 나이가 들면 젊은 시절에 비해 육체적 기반이 훨씬 더 중요해진다. 세계적인 베스트셀러인 《지적 생활》의 저자 필립 길버트 해머튼은 육체적인 건강이 '지적 생활의 기초'라고 강조했다. 지적 여생을 추구하는 고령자에게는 더욱 중요하게 다가오는 말이 아닐 수 없다.

36

# 뇌의 건강은 규칙적인 생활이 만든다

삶의 질은 당신의 습관에 의해 결정된다.

— 작자 미상 —

스스로 늙어간다고 느끼기 시작할 무렵은 언제일까? 내 경우에는 '자꾸 깜빡깜빡하네.'라는 생각이 자주 들었던 즈음이었다. 찾으려고 했던 책의 저자를 금세 잊어버려서 다시 메모를 뒤적이거나 며칠 전 모임에서 만났던 인사의 이름을 깜박하곤 하면서 '아, 이제 나도 나이가 드는구나.' 라는 생각이 들었던 것이다.

나이가 들면 젊은 시절의 생생했던 기억력은 어느덧 멀어져 간다. 어제 들었던 이야기도 다시 옮기려면 까맣게 잊어버려서 기억나지 않고, 지인의 이름조차 가물거릴 때가 많다. 그런 일이 반복되다 보면 '나이가 들었으니 어쩔 수 없지.'라며 아예 자포자기하는 마음이 들기도 한다. 그러나 바로 이런 마음이 건강의 적이라는 것을 기억해야 한다.

뇌 또한 우리 육체의 일부다. 지적 여생을 보내기 위해서는 건강한 육체적 기반이 중요하다고 하는데, 여기에는 건강한 두뇌도 빼놓을 수 없다. 다른 신체 근육이나 기관들이 모두 그렇듯이, 뇌도 단련할수록 기능이 좋아진다. 그리고 오랫동안 활발하게 제 역할을 해낼 수 있다. 두뇌활동에 대해서 포기할수록 뇌의 노화속도는 빨라진다.

평소 존경하던 한문학자인 C선생은 감탄을 자아낼 정도로 광범위한 분야에 걸쳐 지적 조예가 깊은 분이었다. 그분과 우연찮게 대담을 할 기회가 있었다. 당시 연세가 95세였던 선생은 젊은이 못지않게 열정적인 분이었다. 나이가 믿어지지 않을 만큼 얼마나 기력이 좋고 의지가 강하던지 깜짝 놀랐던 기억이 생생하다. 나는 선생에게 어떻게 휴식을 취하는지 물었다. 방대한 분량의 한문사전을 집필하면서 창작작업으로 지친 두뇌를 어떻게 쉬게 하는지 무척 궁금했다.

"가끔은 온천에 가서 쉬시거나 여행을 하면서 기분전환을 하시겠지요?"

내 질문에 선생은 단호하게 고개를 저었다.

"아니오. 그랬다가는 오히려 일을 꾸준히 못하게 됩니다."

선생은 여행이나 온천욕 등으로 시간을 내어 휴식을 취하기보다는 매일 규칙적으로 일하고 산책하면서 두뇌 건강을 지킨다고 했다. 매일매일의 규칙적인 생활이 뇌를 규칙적으로 활동시키는 원동력이 된다는 것이다. 100세 가까운 나이에 왕성한 집필활동을 할 수 있었던 것도 바로 규칙적인 생활의 힘이라고 했다. C선생의 집중력은 경이로울 정도였다. 그런 집중력이야말로 뇌의 힘을 보여주는 증거가 아니고 무엇이겠는가. 긴 시간의 대담을 마친 후에도 피곤한 기색 하나 없던 그분을 보며, 나는 그의 주장을 인정할 수밖에 없었다.

누구나 젊은 시절에는 오랫동안 집중하며 공부해도 그다지 피곤하지 않다. 며칠 밤을 새워가며 공부할 수 있는 것은 체력과 집중력이 뒷받침되었기 때문이다. 하지만 나이가 들수록 집중력이 유지되는 시간이 짧아진다. 짧아진 집중력에 적응하는 것인지 어느 순간부터 아예 배움을 멀리하게 된다. '배워봤자 금세 잊어버리는 걸 뭐.'라며 체념해버리는 것이다.

그러나 뇌의 건강도 노력 여하에 따라 달라진다. 두뇌를 젊고 건강하게 유지하고자 하는 사람들에게 나는 C선생이 주장한 '뇌 건강법'을 적극 권하고 싶다. 매일매일 규칙적인 산책과 생활습관이 건강을 담보한다는 주장 말이다. 산책이 두뇌 건강에 도움이 되는 이유는 다리를 움직이면 움직일수록 뇌가 활성화되기 때문이다. 혈액순환이 잘되면 뇌로 가는 에너지 공급이 활발해지고 뇌 호르몬 분비가 왕성해진다.

규칙적인 생활이 중요한 이유는 생명의 특성에서 찾아볼 수 있다. 생명의 가장 큰 특성은 지속성이다. 삶이 계속되는 한 한순간도 호흡은 멈추지 않고, 심장박동 역시 멈추지 않는다. 두뇌도 마찬가지다. 줄곧 움직이게 해줘야 한다. 지적 자극을 가할수록 두뇌는 더 활발히 반응한다. 그렇게 건강해진 두뇌는 지적 여생이 가능할 수 있도록 해준다.

젊음이 영원히 지속될 수는 없다. 우리는 나이가 들고 노화가 진행되는 것을 담담히 받아들여야 한다. 그러나 받아들이는 것과 포기하는 것은 엄연히 다르다. 먼저 포기하지 않는 한 우리의 육체도 기대를 저버리지 않고 최대한 건강하게 버텨줄 것이다. 건강한 여생을 원한다면 적어도 신체와 두뇌를 열심히 움직이도록 해야 한다. 움직이는 만큼 건강과 행복한 여생이 찾아온다.

37

# 스트레스를 이겨내는 것은 당연한 삶의 과정이다

어떤 종류의 성공이든 인내보다 더 필수적인 자질은 없다.
인내는 거의 모든 것, 심지어 천성까지 극복한다.

— 존 D. 록펠러 John D. Rockefeller —

언젠가부터 우리는 '스트레스'라는 말에 무척 민감해졌다. 정확히 말하자면 스트레스가 건강에 나쁘니까 무조건 피해야 한다는 의식이 생겼다. 이는 캐나다의 의학자인 한스 세리에Hans Sely 박사의 스트레스설이 보급되면서부터인 듯하다. 그때부터 스트레스의 나쁜 면만이 집중적인 조명을 받았다. 그래서 전문가라는 사람들은 입만 열면 "스트레스를 없애야 한다."고 말한다. 다리를 다친 환자라면 '아픈 다리에 스트레스를 가해서는 안 된다', 심장에 이상이 있는 사람은 '심장에 스트레스를 가해서는 안 된다', 정서적으로 문제가 있는 사람이라면 '정신적 스트레스를 피하는 것이 좋다.'는 처방을 내린다. 물론 전부 옳은 말이기는 하다. 그러나 이는 어디까지나 아픈 사람들에게 해당되는 이야기다. 심신장애가 없는 건강한 사람마저 스트레스를 피하는 데 열을 올릴 이유는 없다. 알렉시스 카렐은 다음과 같이 말했다.

"프로이트의 연구결과는 정확했다. 하지만 그의 주장이 자신의 환자였던 사람들, 즉 심신장애를 안고 그를 찾아온 사람들을 진료한 결과임을 망각해서는 안 된다. 심신장애가 없는 건강한 사람은 적절한 스트레스를 견디며 인내와 참을성을 배우고 스트레스를 극복하면서 위대한 사람으로 성장할 수 있다."

학문의 연구성과도, 예술작품도, 기업의 성공도 거대한 스트레스를 이겨낸 결과라는 사실을 잊어서는 안 된다. 영어를 가르쳐온 교수로서 말하건대, 영어교육의 성패를 좌우하는 핵심은 인내, 즉 스트레스를 견뎌내는 끈기다. 인내 없이 영어원서를 읽고, 자유자재로 영문을 쓰거나 회화가 가능한 일은 절대로 있을 수 없다.

뇌도 육체의 일부이기에 신체능력을 높이는 것과 똑같은 원리가 적용된다. 뇌를 발달시키기 위해서 스트레스는 절대적으로 필요한 요소다. 내가 아는 저명한 수학자는 "10대에 피를 토할 만큼 암기에 열정을 보이지 않고서는 지력知力이 성장하지 않는다."고 단언했다. 젊은 시절 강력한 스트레스로 뇌를 자극하지 않고서는 우수한 뇌로 성장하지 못한다는 것이다. 또한 로마의 철학자인 세네카Lucius Annaeus Seneca는 이런 말을 했다.

"신은 자신이 인정하고 사랑하는 자들에게 역경을 주어 단련시키고 시험하고 훈련시킨다. 불운을 당해보지 않은 사람만큼 불행한 사람은 없다. 불은 금을 단련시키고, 불행은 용감한 자들을 단련시킨다."

인생에서 닥치는 불행도 결국 스트레스다. 그것을 극복해낸 사람만이 용감하고 위대한 자가 된다는 의미다. 마하트마 간디도 비슷한 말을 했다.

"어떤 사람이든 추위, 더위, 배고픔, 목마름을 이기지 못하고, 불쾌한 일을 참고 견디는 힘이 없다면, 그는 결코 인생의 승리자가 될 수 없다. 그런 사람은 결코 빛나는 명성을 얻을 수 없을 것이다. 인내는 정신의 숨겨진 보배다. 그것을 활용할 줄 아는 사람이 현명한 사람이다."

인생의 역경과 스트레스를 이겨내는 인내를 통해 사람은 성장하고 완성된다. 노인이라고 다르지않다. 나이가 들어도 적당한 스트레스는 반드시 필요하다. 뇌에도 신체에도 매일 어느 정도의 과제를 주어야 한다. 그러면 머리와 몸은 그 과제를 해결하기 위해 스트레스를 받으며 조금씩 단련될 것이다. 그렇게 해서 또 하루의 건강을 보장받는 것이다. 이것이 노년의 건강을 유지하는 비결이다. 스트레스는 무조건 피하고 보자는 식의 생활방식에서 당장 벗어나자. 우리가 역경과 불행을 극복하며 여생에 이르렀듯, 적당한 스트레스를 이겨내며 사는 것은 자연스러운 인생의 과정이다. 삶의 원동력은 그렇게 얻어지는 것이다.

38

# 작은 사치는 노년의 삶에 활력을 준다

만약 돈에 대한 태도만 올바르게 갖춘다면,
삶의 거의 전반이 바로 잡힌다.

— **빌리 그레이엄** Billy Graham —

내가 원하든 원하지 않든 평생 이어지는 인연이 있다. 그러한 인연은 중간에 끊어버리고 싶어도 끊어지지 않는다. 좋은 관계일 때도 있고 나쁜 관계일 때도 있지만 어쨌든 평생을 함께 가야 한다. 돈도 바로 그런 인연에 속한다.

우리는 돈에 대한 관심이 고조된 시대에 살고 있다. 심지어 서점가에서조차 돈을 주제로 한 베스트셀러가 심심찮게 등장하고 있다. 최근 〈뉴욕타임즈〉를 비롯한 미국의 주요 신문잡지에서 베스트셀러 1위를 장기간 선점했던 《부자 아빠 가난한 아빠》라는 책을 읽었다. 내 나이가 여든이 넘었으니 앞으로 '가난한 할아버지'가 될 가능성은 남아 있을지언정 '부자 아빠'가 될 가능성은 거의 없다. 그럼에도 내가 이 책을 집어든 까닭은 부자가 되는 노하우를 배우기 위해서라기보다는 왜 미국인들이 이런 책을 베스트셀러로 만들었는지가 궁금해서다.

나는 젊은 시절부터 외국의 베스트셀러에 관심이 많았다. 한 나라의 베스트셀러를 살펴보면 그 나라를 이해할 수 있다. 물론 그것만으로 전부를 이해하게 되는 것은 아니지만, 대략적인 통찰은 가능하다. 베스트셀러를 통한 통찰법으로 나카무라 게이우中村敬字와 사무엘 스마일즈의 《자조론》을 대표적인 예로 꼽을 수 있다.

나카무라는 에도막부시대의 젊은 천재로 꼽히는데, 원래는 한학자였다. 그는 막부의 명으로 영국 유학을 떠났다. 당시 세계 최강국이었던 영국의 문명을 배우고 연구하기 위해서였다. 특별한 자원도 없고, 땅이 넓지도 않은 영국이 어떻게 세계지도의 4분의 1을 지배하는 강대국이 되었는지 파악하는 것이 그의 목적이었다. 정확한 통계가 남아 있지는 않지만, 당시 영국의 공업 생산량은 전 세계 생산량의 절반 이상이었다고 알려져 있다. 그러나 영국 유학 도중에 막부체제가 무너지면서 나카무라는 귀국길에 올라야 했다. 애초의 목적에 대한 해답은 찾지 못한 채였다.

가깝게 지냈던 영국인이 그가 귀국길에 오르기 직전 책 한 권을 건넸다.

"이 책이 지금 영국에서 제일 많이 팔리는 책이라네."

작별선물이라며 건넨 그 책은 사무엘 스마일즈의 《자조론》이었다. 나카무라는 이 책이 영국 번영의 수수께끼를 풀 수 있는 열쇠임을 직감했다. 실제로 이 책은 영국에서 성경 다음으로 많이 팔린 초베스트셀러였다. 나카무라는 이 책이야말로 영국을 부강하게 만든 원동력이라고 확신했다. 그리고 돌아오는 배 안에서 외울 정도로 읽고 또 읽은 뒤, 귀국해서는 곧장 번역에 착수해 《서국입지편西國立志編》이라는 제목으로 출판했다. 이 책 역시 출판되자마자 일본에서 베스트셀러가 되었다. 그 시절에 뜻을 세우고 꿈을 키운 유명인 중에 이 책을 읽지 않은 사람이 없을 정도였다. 19세기 후반부터 이루어진 급속한 근대화의 이면에 《자조론》이 있었다고 해도 과언이 아니다. 영국이 강대국으로 발돋움할 수 있었던 원동력은 《자조론》 같은 책이 베스트셀러가 되었기 때문이다. 메이지시대에 일본에서 기적이라고밖에 부를 수 없는 근대화가 일어난 것도 《자조론》의 번역물인 《서국입지편》이 베스트셀러가 되었기 때문이다. 이런 책이 베스트셀러가 되는 사회적 분위기, 그것이 바로 변화의 시작이었던 것이다. 내가 국내와 국외의 베스트셀러에 관심을 기울이는 이유도 바로 여기에 있다.

그런데《부자 아빠 가난한 아빠》는 내게는 별로 새롭지도 흥미롭지도 않았다. 재산증식방법의 노하우를 알려준다는 점에서 훨씬 더 이해하기 쉽고 실천하기 쉬운 책을 전에 읽은 적이 있다. 일본 최초의 임학박사인 혼다 세이로쿠本多靜六 선생의 책이다. 선생은 실제로 대부호이기도 했다. 하지만 그가 처음부터 부자였던 것은 아니다. 가난한 가정에서 태어나 물려받은 것 하나 없는 형편에 대가족까지 부양하며 모은 재산이었다. 박봉을 받던 직장인 시절부터 자신만의 원칙으로 돈을 모았고, 그것이 부의 바탕이 되었던 것이다.

혼다 선생의 재테크 실천법은 간단했다. 그는 월급의 4분의 1을 무조건 저축했다. 간혹 생기는 모든 수입 역시 전액 저축했다. 월급의 4분의 3은 생활비로 썼는데, 저축에 대한 이자도 정수입으로 간주했다. 당시는 금리가 높은 편이어서 이자가 상당했기 때문에 생활비는 충분했다. 몇 해 지나 종잣돈이 모이자 투자에 눈길을 돌렸고 직접 투자에 나섰다.

훗날 납세 1위에 오를 정도로 큰 갑부가 되었지만, 그의 시작은 직장인의 초라한 월급봉투였다. 그의 원칙을 정리해보면, 월급의 4분의 3만 생활비로 쓴다는 것이다. 개개인에 따라 많을 수도 있고 적을 수도 있는 금액이다. 하지만 중요한 것은 얼마를 저축하겠다는 원칙을 정하면 무슨 수를 써서라도 그것을 반드시 지켰다는 것이다. 지금은 과거처럼 금리가 높지 않으니 저축이 좋은 재테크수단이 아닐 수도 있다. 하지만 투자를 하기 위해서는 종잣돈이 필요하다. 즉, 월급을 이렇게 몇 년만 모으면 주식투자에 뛰어들 만한 종잣돈이 생기고, 주식투자를 해서 더 큰 투자금을 만들면 10년쯤 지나서는 부동산 투자가 가능해진다. 이것이 가장 간단하고 손쉬운 재산증식방법의 원칙이다.

예전에 견실한 중소기업 사장이 나에게 이런 말을 했다.

"같은 월급을 받아도 50세에 집을 사는 직원이 있는가 하면, 그때까지도 돈이 없어 쩔쩔매는 직원이 있습니다."

혼다 박사의 이론에 따르면 그 두 사람을 가르는 것은 규칙적으로 저축을 했느냐, 안 했느냐의 차이일 뿐이다. 혼다 박사의 책을 읽지 않았다 하더라도 많은 사람들이 그런 식의 방법으로 재산을 쌓아왔다. 소비보다는 저축을 먼저 하고 그 돈이 모이면 투자를 하는 방식, 그것은 결국 《부자 아빠 가난한 아빠》라는 책에서 이야기하는 재테크의 기본이기도 하다. 나는 미국인들이 이 책에 열광하는 모습에서 미국 사회의 일면을 읽었다. 그들은 절약이 미덕인 사회에 살지 않았다. 자신의 욕망에 충실하며 소비를 즐기는 삶을 살았다.

물론 지금 세대의 삶의 방식은 과거와 많이 달라졌다. 허리띠 졸라매고 저축부터 하는 시대는 이제 지나간 듯하다. 하지만 은퇴

세대는 소비보다는 절약과 저축이 미덕인 시대를 살아왔다. 지금에 비하면 아주 초라한 수준의 수입이었지만 대가족을 이끌며 저축까지 하면서 다음 세대를 키워냈다. 그것은 은퇴세대의 자부심이었다.

여생의 시간에는 저축을 할 만한 수입이 없다. 연금도 고작 생활비를 충당할수 있을 정도다. 하지만 가족을 부양할 필요도, 아이들의 학비를 댈 필요도 없다. 오로지 자기만을 위해서 쓰면 된다. 그러므로 여생의 시간에는 젊은 시절에 저축을 하느라 못했던 '소비의 미덕'을 조금은 발휘해도 좋을 것이다. 자신만을 위한 소비를 한들, 작은 사치를 한들 상관할 사람이 누가 있겠는가. 사고 싶었던 책을 사고, 모으고 싶었던 그릇을 사 모으고, 가고 싶었던 여행을 떠나도 좋다. 이제 그런 사치를 해도 좋을 시간, 그것이 바로 여생이다.

39

# 멀리 보고 함께 가는 마음이 부유함의 근본이다

우리를 선하게 만드는 것도 마음이고, 악하게 만드는 것도 마음이다.
행복하거나 슬프게 만드는 것도 그것이고,
부자나 가난뱅이로 만드는 것도 그것이다.

— 에드먼드 스펜서 Edmund Spencer —

중국 명나라 때 문학가 풍유룡馮猶龍은 이런 말을 남겼다.

"천하의 한없이 못난 짓은 모두 돈을 버리지 못하는 데서 일어나고, 천하의 끝없이 좋은 일은 모두 돈을 버릴 수 있는 데서 비롯된다."

내 나이쯤 되면 고개가 절로 끄덕여지는 말이 아닐 수 없다. 그러나 젊은 시절에는 이런 깨달음을 얻기가 쉽지 않다. 우리 주변에는 돈의 포로가 되어 일생을 망치는 사람들이 적지 않다. 돈은 괴물이다. 결코 내 생각대로 움직여주지 않는다. 돈은 생활을 풍족하게 만드는 좋은 도구이지만 상황에 따라서는 나쁜 주인으로 군림하기 쉽다. 즉, 내가 돈을 조심스럽게 이용하지 않으면 오히려 주객이 전도되어 돈이 내 삶을 장악하고 망가뜨리는 나쁜 주인이 될 수 있다는 것이다.

돈에게 지배당하지 않으려면 어떻게 해야 하는가. 아주 단순한 방법이 있다. 그저 매일같이 돈을 쓰면 된다. 단, 흥청망청 생각 없이 쓰는 것이 아니라 현명하게 써야 한다. 현명하게 쓸수록 돈은 충성스런 부하가 된다. 돈과 재물을 좋은 도구로 여기는 사람일수록 큰 부를 쌓는다. 이는 친구를 좋아하는 사람 주위에 친구들이 많이 모이는 것과 같은 이치다. 사람을 좋아하는 사람에게는 사람을 끌어들이는 매력이 있다고 하지 않던가.

돈을 우리 삶의 주인이 아닌, 삶을 윤택하게 만들어주는 좋은 도구로 이용해야 한다. 그리고 필요한 만큼 쓰고 모으려고 노력한다면 그때부터 돈에 대한 새로운 인식이 형성될 것이다. 주의할 점은 돈 자체가 절대 목적이 되어서는 안 된다는 것이다. 쓰지는 않고 모으기만 하면서 돈이 쌓이는 것을 보람으로 느껴서는 안 된다. 이것이야말로 돈을 나쁜 주인의 자리에 앉히는 어리석은 자의 태도다. 또 한 가지 경계할 점은 질투심이다. 질투심은 착한 돈을 순식간에 나쁜 돈으로 만들어 버린다.

'저 녀석은 나보다 부자야, 나보다 더 좋은 집에 살고, 똑같이

정년퇴직했는데 저 녀석이 더 많은 퇴직금을 받았어. 부러워 죽겠어. 아니 화가 나 죽겠어.'

이렇게 생각하는 순간 질투심이 타오르면서 치기어린 생각들이 마음을 어지럽힌다.

'저런 속물 같은 녀석들한테만 돈이 따라붙는 세상, 더럽다. 이제 돈 같은 건 다 필요 없다.'

나이 들어서 이런 생각으로 세상을 살아간다면 삶이 얼마나 초라하겠는가. 타인이 구축한 재산에 질투심을 느껴 돈 그 자체를 부정하면 여생은 비루해질 수밖에 없다. 자기보다 더 많은 돈을 가진 자를 저주하고 원망하는 것은 돈에 지배당하는 자의 또 다른 얼굴이다. 돈은 도구일 뿐이다. 경쟁적으로 '모셔야' 할 존재가 아니다. 그래도 배가 아파 어쩔 줄 모르겠다 싶을 때는 부디 이 말을 떠올리기 바란다.

"다른 사람의 좋은 것을 저주한다면 나의 가장 좋은 것이 저주를 받는다."

지인 중에 주식으로 큰돈을 번 사람이 있다. 사람들이 그에게 성공적인 투자의 비결을 묻자 그는 어렵게 그 답을 알려주었다. 그는 투자를 하기에 앞서 항상 생각하는 원칙이 있다고 한다. 그것은 "남도 좋고, 나도 좋고."였다. 나 혼자 돈을 버는 게 아니라 다른 사람들과 함께 돈을 번다면 위험부담도 줄일 수 있고, 돈을 버는 것과 동시에 베풂까지 생각할 수 있다.

물론 다른 사람보다 조금만 더 벌고 싶다는 욕망이야 누군들 없겠는가. 내 마당의 잔디가 옆 집 마당의 잔디보다 더 푸르면 기분 좋은 법이다. 그러나 옆집 잔디를 망쳐놓고 내가 돋보이도록 하는 짓이 마음 편할 리 없다. 타인의 삶을 짓밟아가면서 버는 돈이 무슨 의미가 있겠는가. 그것은 나도 죽이는 짓이다.

큰 부를 이룬 사람들 중에는 이처럼 멀리 보고 함께 가고자 하는 마음을 가진 이들이 많다. 그들은 돈 앞에서 탐욕스럽지 않다. 또한 재산이 사라질까 두려워 초조해하지도 않는다. 이는 자신 안에 욕망과 헌신하려는 마음이 동시에 충족되기 때문이다. 이것이 돈에 지배당하지 않는 비결이다.

40

# 노후에도 자산을 보유하라

돈 자체가 행복을 안겨주지는 않지만,
확실히 청구서 납부는 쉽게 해결해준다.

— 토머스 빌로드 Thomas J. Vilord —

영국의 추리소설가 애거사 크리스티Agatha Christie의 소설에는 유언장을 둘러싼 살인사건이 자주 등장한다. 그러나 이는 소설적인 재미를 위한 것일 뿐 현실성과는 좀 거리가 멀다. 요즘 노인들이 걱정해야 할 범죄라면 유언장과 관련된 사건보다는 자택 침입에 의한 강도 상해 사건이 많으니 말이다.

어쨌든 추리소설의 대표적인 소재가 될 정도로 서구사회에서는 유언장이 일반화되어 있다. 특히 앞으로는 유산 상속과 관련된 유언장의 중요성이 한층 높아질 것이라고 한다. 영국이나 미국에서는 재산을 가진 사람이라면 거의 100퍼센트 유언장을 남긴다. 부자뿐만 아니라 물려줄 재산이 조금이라도 있는 부모라면 반드시 유언장을 작성한다. 유언장이 없으면 남은 유산은 법원에 의해 처분되기 때문이다. 그래서 유언장으로 인해 자녀들과의 관계의 끈이 유지되는 경우가 많다.

요즘에는 나눠줄 재산이 없는 부모들은 자녀들로부터 푸대접을 받기 일쑤다. 물려줄 재산이 없으면 나 몰라라 하는 경우도 많고, 부모를 부모로 대우해주지 않는 게 요즘 세태다. 안타깝지만 이것은 받아들여야 하는 냉혹한 현실이다.

재산이 있는 부모를 둔 자식들은 자신의 권리가 유언장을 통해 정상적으로 행사되기를 원한다. 따라서 부모가 혹시 다른 선택을 하지 않도록 여러모로 주의한다. 재산을 상속받기 위해서는 부모에게 소홀할 수가 없는 것이다. 덕분에 부모는 노년에도 자녀의 관심과 보살핌을 받으며 안락하게 생활할 수 있다. 슬픈 현실이지만, 이것이 노후에 자산을 보유하고 있어야 하는 절실한 이유 중 하나이기도 하다.

부모는 누구나 자녀에게 거는 기대가 크다. 그리고 그 기대가 어긋나면 크게 실망한다. 그러나 자녀는 다르다. 자녀들은 부모가 기대하는 만큼 부모를 소중히 생각하지 않는다. 자녀를 사랑하는 마음이 지나쳐 집착에 이르는 부모는 있어도, 부모를 사랑하는 마음이 지나쳐 집착하는 자녀는 없다.

내가 어렸을 때만 해도 '효도'가 최고의 미덕이었다. 하지만 지금은 학교에서도, 사회에서도 효도의 중요성을 가르치지 않는다. 그러니 부모를 돌보지 않는 젊은 세대들이 속출한다고 해서 놀랄 일이 아니다. 의무적으로 부모에게 효도를 하는 시대는 이제 끝났다. 냉혹하더라도 인정할 것은 인정해야 한다. 그리고 스스로 현실적인 대응책을 찾아야 한다.

이제 노후의 자산에 대해 조금 다른 각도에서 생각해야 한다. 자녀와의 관계의 끈을 이어준다는 점에서 노후에 자산을 보유하는 것은 무척 중요하다. 돈은 원래 'goods'이지만 앞으로는 더욱 'goods'이 될 것이다. 누군가는 "늙으신 부모를 보살피지 않는 자는 아무리 위대한 성공을 이루었다고 하더라도 세상이 승리자로 인정해주지 않는다."라고 했지만, 이제 그런 세상은 거의 사라진 듯 보인다. 대신 이렇게 말할 수 있지 않을까?

"자식들이 늙으신 부모를 기꺼이 보살필 수 있도록 만든 부모가 바로 승리자다."

물론 이때의 승리는 자산의 승리일 공산이 크다.

41

# 은퇴 후에 갖추어야 할 덕목, 쾌활함

친구를 얻는 유일한 방법은 자기가 먼저 친구가 되는 것이다.

— 랠프 월도 에머슨 Ralph Waldo Emerson —

은퇴 후 인간관계를 맺기 위해 가장 필요한 것은 무엇일까? 그것은 바로 쾌활함이다. 성공한 기업가 중에는 쾌활한 리더들이 많다. 일에 대해서는 누구보다 엄격하지만 상황이 어려워질수록 농담도 하고 밝게 웃는다. 은퇴할 나이쯤 되면 사회적으로 높은 위치에 오른다. 많은 부하들을 거느려야 하고 조직적으로도 큰 책임을 떠안아야 한다. 하지만 이러한 심리적인 중압감 때문에 세밀한 변화까지 모두 확인하다 보면 툭하면 화를 내게 되고, 조바심이 생기게 마련이다. 부하들도 이런 상사를 부담스럽게 느낀다. 조직에서든 사회에서든 '사람 위에 있는 사람'일수록 쾌활하고 대범해야 하고, 관용을 베풀 줄 알아야 한다.

현역 시절과 마찬가지로 퇴직 후에도 사람들과 교제할 기회가 많다. 취미생활이나 자원봉사단체, 지역 집회 등 지금까지 경험해보지 못했던 조직에서 새로운 일상을 겪게 될 것이다. 그때마다 회사에서 아랫사람 대하듯 사람들을 만났다가는 따돌림을 당하기 십상이다. 현직에서 아무리 뛰어난 수완가였더라도 퇴직 후 인생에는 아무런 영향력도 행사하지 못한다. 현직에서 얼마나 뛰어난 상사였는지 자랑해도 누구 한 사람 귀 기울이지 않는다. 누군가에게 대접받기를 바라기보다는 여유와 쾌활함으로 사람들을 대하고, 인간적인 매력을 보여주었을 때 사람들이 진심으로 따른다.

영어로 우정은 'friendship'이다. 일본의 경우에는 한 세기 전까지만 해도 이처럼 현대적인 의미의 우정이라는 개념이 존재하지 않았다. 가장 큰 이유는 교제 범위가 매우 좁았기 때문이다. 신분계급이 존재했던 시절이었기에 무사는 같은 무사계급과 어울려야 했고, 농민은 이보다도 범위가 좁아서 한동네 사는 친척들과 의리를 맺는 게 고작이었다. 그러다 근대에 접어들면서 학교가 발달하고, 자유로운 직업 선택이 가능해지면서 인간관계의 폭이 넓어지게 되었고, 서양문화에서 말하는 우정이라는 개념이 형성되었다.

그렇다면 서양에서 말하는 'friendship'이란 어떤 개념일까? 우리 고향에는 이른바 '온천친구'라는 말이 있었다. 시골 농가들은 날이 쌀쌀한 초봄부터 논에 물을 대고 논바닥을 고르는 써레질을 시작한다. 추운 날씨에 찬물에 몸을 담그면서 농사준비를 마친 사람들은 짧게는 2주, 길게는 3주씩 온천욕으로 몸을 추스른다. 옛날 온천장이 요즘 같은 호텔방일 리는 없고, 남녀를 막론하고 다함께 같은 방에서 식사를 하고 잠을 청했다. 이렇게 열흘에서 20일 가까이 함께 지내다 보면 서로 알몸도 다 보게 되고 자연스럽게 친분이 쌓인다. 속내를 드러낼 수 있는 믿음직한 친구를 만나게 되는 것이다. 이것이 온천친구다. 'friendship'이란 이런 온천친구와 비슷한 개념이 아닐까 싶다.

나에게도 S라는 오래된 친구가 있다. 4대째 일본선박진흥회의 이사장을 맡고 있는 그 친구는 나보다 먼저 유학생활을 시작했고, 독일에서 7년 가까이 살았다. 언젠가 그가 이런 이야기를 들려주었다. 귀국 후에도 유학시절에 사귄 친구들이 그렇게 그리울 수가 없고, 몇 년씩 못 만나다가 다시 만나면 그렇게 반가울 수가 없다는 것이다. 그런데 정작 일본에서 사귄 친구들과는 그런 감정이 느껴지지 않아 이상하다고 했다. 다만 해군학교 출신이었던 그는 해군학교 동창들만은 예외라고 덧붙였다.

집에 와서 '나는 어떨까?'하고 잠시 생각에 잠겼다. 나도 비슷한 것 같다. 유학시절 독일과 영국에서 친분을 쌓은 사람들과는 몇 년간 소식을 듣지 못하다가도 우연히 만나게 되면 친밀했던 예전의 감정들이 금방 다시 떠올랐다. 반대로 일본에서는 그런 경험이 없다. 자주 만나 술이라도 마시지 않는 한, 금방 소원해진다. 10여 년만에 재회한 친구들은 어쩐지 어색하고 예전 같은 우정이 느껴지지 않는다.

생각해보면 그것은 모든 것을 벗어던지고 맨 얼굴로 교제하지 않았기 때문인 듯하다. 문화가 다른 외국에서는 예의만으로 사람을 사귀지 못한다. 나의 진솔한 모습과 감정을 솔직하게 보여주어 상대방의 마음을 움직이지 못한다면 쉽게 친구가 되기 어렵다. 처한 상황이 비슷하다거나 서로 이해할 수 있는 신분이라는 이유만으로 교제가 이루어지지 않는다. 그래서 나도 모르는 사이에 감정과 생각을 솔직하게 밝히는 버릇이 생겼다. 솔직하게 마음을 주고받으며 낯선 나라의 외국인이지만 진지한 우정을 나누게 되는 것이다. 이렇게 한 번 맺어진 우정은 평생토록 변치 않고 지속된다.

'친구와 술은 오래될수록 좋다.'라는 독일 속담이 있다. 오래 말린 나무는 때기 쉽고, 오래된 술은 맛이 좋다. 오래된 친구와의 우정도 마찬가지다. 밤새도록 술잔을 기울여가며 허심탄회하게 서로의 속마음을 나누다 보면 진한 우정이 싹트게 마련이다. '한솥밥을 먹는 사이'라는 말도 마찬가지다. 젊은 날 서로의 개성을 부닻혀가며 사귄 친구는 여간해서는 잃어버리지 않는다. 같은 교실에서 수험공부를 한 사이라고 해서 모두가 우정을 나눈 친구가 될 수는 없는 것이다.

42

# 지적 즐거움을 나누는 친구를 만들라

함께할 친구가 없다면, 우리가 가진 어떤 것도 즐겁지 않다.

— 작자 미상 —

'지혜로운 친구를 갖고 싶다.'는 어느 시인의 글을 읽은 적이 있다. 그때 나는 그 시인이 몇 살 때 그런 시를 썼는지는 모르겠지만, 나이가 들면 조금은 다른 관점에서 우정을 이해하게 되리라는 생각에 쓴웃음을 지은 적이 있다. 나이가 들수록 우정에 대한 생각은 변하게 마련이다. 나는 한때 '갖고 싶은 친구'가 아니라 '갖고 싶지 않은 친구'에 대하여 생각해본 적이 있다.

언젠가 경제평론가인 K씨의 결혼 피로연에서 있었던 일이다. K씨는 상당한 수완가로 국가 행정까지 쥐락펴락했던 인물이었다.

이날 행사에서 전 통상성 사무차관인 L씨가 마이크를 잡았다. 그는 이 자리에서 이런 말을 했다.

"청년시절에는 사상과 신조가 달라도 사귈 수 있습니다. 그런 차이가 오히려 재미있어서 토론이 즐겁기 때문이죠. 하지만 나이가 들수록 사고방식과 철학이 다른 사람과는 만나기 싫어지는 법입니다."

공감이 가는 이야기였다. 청년시절에는 사고방식이 달라도 "우린 친구니까!"라고 외치며 조금 맞지 않는 부분이 있어도 친구관계를 이어갈 수 있었다. 우파와 좌파를 따지지 않고 함께 술을 마시면서 밤새도록 이야기를 나누는 그 시간이 즐겁기만 했다.

젊을 때는 친구들과 이런저런 주제로 이야기를 나누다 의견대립이 생겨도 서로의 주장을 굽히지 않는다. 하지만 오히려 그것이 더 좋다. 의견 차이로 인해 자신의 생각을 보다 분명하게 정립할 수 있고, 상대방의 논리정연한 주장에 자극을 받아 열심히 공부하는 계기가 될 수 있기 때문이다. 청년시절 나와는 다른 생각을 가진 친구를 알게 된다는 것은 삶의 스펙트럼을 확장하는 것과 같다.

하지만 나이가 들면 조금 달라진다. 아무리 친구라고 해도 생각이나 사고방식이 다르면 부담스럽게 느껴진다. '이런 사람과 굳이 사귈 필요가 있을까?'라는 생각이 든다. 일일이 대응하는 게 귀찮아서 같이 있는 것조차 짜증스럽다. 일상적인 사고방식과 생활습관의 차이는 그나마 나은 편이다. 한 인간이 오랫동안 지켜온 사상과 신조가 다르다면 결코 우정을 키워나갈 수 없다. 그런 관계는 겉치레적인 만남만 반복될 뿐이며 서로에 대한 진심이 없다.

나는 자본주의 원칙하에 개인의 사유재산을 적극적으로 인정하는 사람이다. 하지만 나와 반대로 구소련의 사회주의 정치체제나 사유재산을 적대시하는 공산주의를 신봉하는 사람들도 적지 않다. 학창시절에는 공산주의적인 사고방식을 가진 동급생들과 어울리며 같이 공부할 수 있었다. 하지만 지금은 만나봐야 서로 부담스럽기만 하다. 정치인 친구가 한 명 있었는데, 그가 중국의 정치체제를 지지하는 것을 보고 관계를 끊었다. 만날 때마다 서로의 사상을 피력하는 것도 아니고, 단순히 잡담만 하다 돌아오는 경우가 많았기 때문이다.

기본적인 사고방식과 생각이 다르면 함께하는 자리가 불편할 수밖에 없다. 어떤 주제가 되었든 격의 없이 대화하는 것이 불가능하다. 특히 구색만 맞추는 부부동반 같은 모임은 질색이다. 이것이 청년시절과 여든이 넘은 노인이 되어 우정을 바라보는 시각 차이다. 그런 점에서 볼 때 나이 든 사람에게 '갖고 싶지 않은 친구'란 사상과 신조가 다른 친구이다.

두 번째는 경제수준이 다른 사람이다. 수입이라기보다는 경제적 지불능력이라고 말하는 편이 정확할 듯하다. 청년시절에는 모두가 가난했기 때문에 경제력이 우정을 가로막지는 않았다. 용돈을 벌기 위해 모두가 아르바이트를 뛰던 시절이었다. 비슷한 나이에 같은 대학에 입학한 동기라면 재정상태는 거기서 거기였다. 하지만 나이가 들수록 직업이나 사회적 위치에 따라 경제력이나 생활수준에서 차이가 나기 시작한다. 우정에 돈이 개입하는 것이다.

예를 들어 부부동반 모임으로 고급 요릿집에서 저녁식사 대접을 받았다고 가정해보자. 그러면 받은 쪽도 그만큼 답례를 해야 한다. 저녁밥값이 수십만 원씩 하는 고급 요릿집에서 부부동반 모임에 초대하는 친구와 지속적으로 사귀려면 나 역시 그만한 밥값은 지불할 수 있는 경제력이 있어야 한다. 고마움에 대한 사례로 한두번 초대받은 것이라면 모르겠지만, 고급 요릿집에서의 만남이 잦다면 경제적 부담이 클 수밖에 없다. 서로 말은 안해도 불편하고, 거리감이 느껴진다. 특히 배우자는 더욱 그렇다. 그래서 경제적 형편이 비슷하지 않으면 자연스럽게 관계가 소원해진다. 이는 한두 명의 모임이 아니라 동창회 같은 모임에서도 마찬가지다.

내가 경제력과 우정의 상호관계를 깨달은 것은 50세 무렵이었다. 어느 출판사에서 부부동반으로 2주일 동안 세계 각국을 돌며 오페라를 관람하는 기획을 마련했다. 우리 부부와 지인 부부가 일류호텔에 머물면서 유럽의 정상급 오페라하우스를 구경하는 일종의 관광상품 홍보였다. 오페라에 대한 흥미는 둘째치고 워낙 좋은 기회였다. 부부동반으로 2주 동안 유럽 여행을 하며 즐길 수 있는 기회가 어디 흔하단 말인가. 귀국 후에도 몇 년 동안 얼마나 기분 좋은 추억이 될 것인가! 누구를 초대할지 고민하며 마음이 무척 들떴다. 머릿속에는 벌써 여러 명의 친구 얼굴이 떠올랐다.

그런데 막상 전화를 하려고 하니 조금 망설여졌다. 그 친구들의 경제력을 고려하지 않을 수 없었기 때문이다. 돈이라는 현실적 장벽이 가로막고 있었다. 여행비용을 지불할 수 있을 정도로 경제력이 있는 친구들을 떠올려보니 범위가 급격히 좁아졌다. 문득 "나이가 들면 친구와의 우정에 이런 문제도 생기는구나."하고 깨달았다. 물론 이는 특별한 경우다. 하지만 경제력에서 확연히 차이가 나는 친구들이 나이 들어서도 우정을 유지하면서 지속적으로 만나기란 쉽지 않은 일이다.

세 번째로 중요한 요소는 지적 수준이다. 서로 교양 수준에 차이가 난다면 어울리기가 쉽지 않다. 또한 인간적으로는 참 좋은 사람인데, 예의가 없거나 친구로서의 배려심이 없다면 우정을 이어가기 어렵다. 인간적인 매력만으로 가까이하면서 친구관계를 유지하기에는 만남이 너무 귀찮고 피곤하다.

나에게는 다행히 인품도 훌륭하고 교양도 갖춘 친구가 한 명 있다. 그는 자신의 인생을 걸어오면서 닦아온 인품도 훌륭했지만,

친구로서 내게 보여준 인격도 본받을 점이 많았다. 그와 나는 50세가 넘어서 만난 사이였다. 나는 영어 전공이었고, 그는 근대문학 전공자로 분야가 달랐지만, 처음 만났을 때부터 통하는 점이 많아 의기투합할 수 있었다. 둘 다 책을 좋아해서 한 번 책 이야기가 나오면 그칠 줄을 몰랐다. 보통 자정까지 이야기꽃을 피웠다. 그런 시간들이 얼마나 즐거웠는지 모른다. 뿐만 아니라 그와 대화하다 보면 항상 새로운 자극을 받게 된다. 나이가 들어서도 밤새도록 지적인 대화를 주고받을 수 있는 친구가 있다는 것이 얼마나 큰 행운인지 모른다.

하지만 안타깝게도 이런 친구를 사귀기란 쉽지 않다. 학창시절 수업이 끝나면 한 시간이고 두 시간이고 시간 가는 줄 모르고 즐거운 시간을 보냈던 친구들이라도 다시 만났을 때 예전처럼 즐거움을 느낄 수 없다. 오히려 지루하다 못해 인내심의 한계를 느낄 때도 종종 있다. 노령연금이 어떻다느니, 재취업 문제가 힘들다느니, 어느 가게는 술맛이 별로라느니…. 이런 쓸데없는 이야기만 쏟아져 나온다. 나이가 들면서 어느새 지루한 인간이 되어버린 것이다.

《지적 생활》을 보면 저자인 해머튼도 나와 비슷한 경험을 털어놓고 있다. 어린 시절부터 알고 지내는 친구가 한 명 있었는데, 그와의 관계가 10년이 넘었지만 언제나 그는 과거에 있었던 같은 사건만 이야기한다는 것이다. 그 친구에 대한 애정은 변함이 없었지만, 같은 이야기만 되풀이하는 데 지쳐버릴 수밖에 없었다고 토로했다. 10년 동안 지적으로 많은 발전을 거듭한 해머튼이었기에 그 지루함은 더욱 컸을 것이다.

인간은 나이에 상관없이 지적 흥미를 느끼는 무언가가 필요하다. 아니, 오히려 나이가 들수록 그것이 더욱 중요해진다. 그래서 밤새도록 대화를 주고받으며 지적인 즐거움을 함께 나누는 친구가 절실한 것이다. 물론 그 전에 나부터 그런 지식과 교양을 갖춘 친구가 되어야함은 기본이다.

43

# 나이 든 부부의 원만함은 각자의 공간에서 온다

결혼은 당신의 권리를 반감시키고 의무를 배가시키는 것이다.

— 아더 쇼펜하우어 Arthur Schopenhaur —

부부관계를 정의하는 동서고금의 수많은 명언들이 있다. 부부관계에 관한 명언이 많다는 것은 그만큼 부부관계를 정의하기 어렵다는 뜻이기도 할 것이다. 오스카 와일드Oscar Wilde는 "결혼이란 상호간의 오해로 발생한다."라고 말했다. 요즘은 '돌싱(돌아온 싱글)'이라는 말이 유행일 정도로 이혼이 흔한 일인데, 경험한 사람이라면 누구나 오스카 와일드의 결혼론에 고개를 끄덕일 듯하다.

결혼에 관한 가장 유명한 말은 "양처와 사는 남자는 행복해지고, 악처와 사는 남자는 철학자가 된다."는 소크라테스의 증언

일 것이다. 소크라테스의 아내인 크산티페Xanthippe는 역사상 가장 유명한 악처이자 악처의 전형이라고 불리는 여자다. 그녀는 하루 종일 남편을 따라다니며 잔소리를 퍼부은 아내로 유명하다. 하지만 정말로 크산티페가 그렇게 악처였을까?

오랫동안 친하게 지낸 지인들 중에는 그 부인들과도 친분이 깊어진 경우가 많다. 부부동반 모임이 있을 때마다 그 부인들을 관찰해보면 각각 유형이 다르다. 그래도 한 가지 공통점이 있다. 모두가 '남편을 성공시킨 아내'라는 점이다. 예로부터 남편이 사회적으로 성공할 수 있도록 내조에 힘쓰는 아내를 '좋은 아내'의 표본처럼 여겨왔다.

남편을 위한 내조는 다양하다. 충실히 가정을 돌보고 남편을 뒷바라지해서 성공시킨 아내도 있고, 남편에게 무관심했던 것이 오히려 자유를 주게 되어 성공하게 된 사례도 있다. 또는 아내의 잔소리가 지긋지긋해서 오기로 성공해 보이겠다고 마음을 다잡은 것이 성공요인이었다는 이도 있다.

부부관계에서는 결과가 가장 중요하다. 어쨌든 남편이 자신의 분야에서 성공했다면 아내의 내조는 훌륭한 것이다. 잔소리도, 무관심도 문제가 되지 않는다. 세간世間의 시선으로 바라본 좋은 아내, 나쁜 아내의 판단기준은 쓸모없다. 밖에서 보기에는 문제가 있는 것처럼 보여도 결과가 좋다는 것은 서로에게 필요한 부분이 있다는 것이다. 부부는 서로 영향을 주고받게 마련이다. 다른 여자, 혹은 다른 남자와 결혼했다면 더 행복하게 살았을 것이라는 보장은 없다. 세상 사람들 모두가 인정하는 좋은 여자와 좋은 남자가 만나 결혼했다고 해서 좋은 부부가 만들어지는 것은 아니기 때문이다.

결혼이 결과지상주의라는 관점에서 봤을 때 소크라테스의 아내는 어떤 평가를 받아야 할까? 크산티페는 집에 돈 한 푼 제대로 가져오지도 못하는 주제에 젊은 청년들과 매일같이 어울려 실없는 소리나 주고받는 남편에 대한 분노를 느꼈을 것이다. 그녀가 극악에 달하는 잔소리와 바가지로 소크라테스를 괴롭힌 여성이었다고는 하지만, 오늘날의 관점에서 보면 크산티페의 행동에는 전혀 문제가 없다. 오히려 무능력한 소크라테스가 나쁜 남편의 전형이다. 또한 남편의 사회적 성공을 좋은 아내의 판단기준으로 삼는다면 크산티페의 이미지는 완벽하게 달라진다. 크산티페가 악처였기에 소크라테스가 위대한 철학자로 명성을 떨칠 수 있게 되었기에, 그녀야말로 남편의 성공을 뒷받침해준 양처의 전형이라고 할 수 있을 것이다.

이런 아내가 있었다. 남편이 늦게 퇴근하는 날, 아내는 다른 집처럼 아이들과 함께 먼저 저녁을 먹는다. 한 가지 차이점이 있다면 저녁식사를 마친 후 설거지를 할 때 자기 밥그릇은 빼놓는다는 것이다. 밤늦게 집에 온 남편이 저녁상을 물리면 그때 남편 식기와 함께 자기 밥그릇을 씻는다. 남편이 무사히 돌아올 수 있도록 기다리는 마음을 그렇게라도 보여주고 싶었던 것이다. 그것은 그녀가 마음으로 베풀 수 있는 남편에 대한 최고의 사랑이자 배려였다. 그런 아내와 함께하는 남편은 무척 행복할 것이다.

나이가 들수록 부부생활을 잘 유지하기 위해 필요해지는 것이 한가지 있는데, 그것은 바로 각자만의 공간이다. 혼자만의 시간을 즐길 수 있는 개인공간을 마련해두면 서로에 대한 참견이나 불만이 적어지고, 그에 따른 스트레스가 줄어들어 생활이 보다 쾌적해진다. 그래서 최고급 실버타운은 대부분 각방구조라고 한다. 식사와 티타임은 훌륭하게 꾸며진 공동식당과 고급 찻집 분위기의 거실에서 함께 즐기지만, 사생활은 각자만의 공간에서 보호받을 수 있는 구조인 것이다.

나이가 들면 젊었을 때와는 생활리듬이 달라진다. 남편은 더위를 타고 아내는 추위를 타는 부부라면 같은 공간에서 생활하기 어렵다. 은퇴 후에 조금 느긋하게 지내고 싶은 남편이라면, 평소와 다름없는 아내의 이른 기상시간이 불편해질 수 있다.

또한 나이가 들수록 양보심이 사라진다. 젊었을 때는 충분히 양보할 수 있는 일도 나이가 들면 고집을 부리게 된다. 예컨대 텔레비전도 내가 보고 싶은 시간에 보고 싶은 프로그램을 봐야 직성이 풀린다. 아내는 드라마 열성 팬인데 남편은 야구를 좋아한다면, 각자의 공간에서 편하게 보는 것도 방법이다. 오래된 부부에게는 개인의 공간이 주는 편안함이 필요하다. 나이 든 부부에게는 적당한 거리가 원만한 관계를 유지하는 비결이다.

44

# 젊은 시절의 추억이 노부부의 유대감을 높인다

나는 최소한 생의 마지막 순간에 삶을 되돌아보며
이렇게 후회하지는 않을 것이다.
"좀 더 많은 것들을 해봤더라면 좋았을걸."

— **다이애나 폰 벨라네츠 벤트워스** Diana von Welanetz Wentworth —

추억이 인생에 얼마나 큰 영향을 미치는지, 그것은 어쩔 수 없이 헤어져야 하는 젊은 부부들을 떠올려보면 쉽게 알 수 있다. 전쟁이 흔했던 옛날에는 젊은 남자들이 징집되어 전쟁터로 끌려가는 경우가 많았다. 그래서 집집마다 결혼을 일찍 서두르곤 했다. 하지만 결혼하고 불과 며칠 만에 남편이 징집되는 경우 아내는 오매불망 남편을 기다려야 했다. 남편이 돌아오면 다행이었지만, 전쟁터에서 목숨을 잃게 되면 젊은 아내는 신혼의 단꿈을 단 2,3일만 누려보고 미망인이 되어야 했다. 그중에는 재혼을 거부하고 평생 홀로 지낸 여성들도 많았다. 요즘 세태에서는 이해할 수 없는 일인지도 모른다. 그 짧은 결혼생활에서 무슨 추억이 남아 떠난 사람을 잊지 못하고 평생을 독수공방한단 말인가. 아마도 그것은 전쟁이라는 특수한 상황이 영향을 미친 것이리라. 며칠 후면 전쟁터에 끌려갈 남편과의 신혼생활은 더없이 애틋할 수밖에 없다. 갓 결혼한 아내의 뇌리에는 생전의 남편이 보여주었던 모습들이 오래도록 인상 깊이 남게 된다. 아내는 그 추억을 떨쳐내지 못해서 남편을 그리워하며 평생 홀로 사는 것이다. 남편이 세상을 떠났지만 아내의 의식 속에는 여전히 그가 살아 있다. 그것이 부부의 정리情理다.

그래서 나는 젊은 부부들에게 특별히 당부하는 게 있다. 조금 무리를 해서라도 시간을 내어 둘만의 여행을 다니며 두 사람만의 추억을 많이 만들라는 것이다. 국내 여행도 좋지만, 일주일 이상 휴가를 얻을 수 있다면 해외여행을 가는 게 더 좋다. 낯선 세계를 경험한다는 즐거움도 있지만, 여행의 핵심은 문제해결력이다. 외국에서 두 사람이 힘을 합쳐 문제를 해결해나갔던 경험은 깊은 추억으로 남는다. 이는 여행의 즐거움보다 더 값진 것이다. 재미있고 즐거웠던 경험은 그 순간에는 행복하지만 시간이 지나면 희미해지게 마련이다. 하지만 힘든 순간을 이겨낸 경험은 시간이 지날수록 즐거움이 더해진다. 그런 의미에서 고생이야말로 '인생을 살아온 흔적'이라고 할 수 있다. 지금 하고 있는 일이 바쁘다는 핑계로 자꾸 뒤로 미루다간 한 해, 두 해 나이가 든다. 정작 옛 추억을 회상하며 감회에 젖어야 할 나이가 되었을 때는 떠오르는 추억도, 사건도 없다. 추억할 만한 것이 없는 그저 그런 지루한 인생을 살았다는 것이 후회스러울 뿐이다.

황혼이혼이라는 것이 흔한 시대가 되었다. 아내 입장에서 보면 매일매일 똑같은 부부생활에 싫증이 났던 것일지 모른다. 나이들어 행복하기 위해서는 젊었을 때 사건과 추억을 많이 만들어야 한다. 은퇴 후에 해외여행을 가야겠다고 생각한다면 때는 이미 늦다. 물론 그런 말조차 안 하는 것보다는 낫겠지만, 이왕이면 젊었을 때 해야 한다. 정년퇴직할 때쯤이면 육체적으로 무리한 여행은 힘들다. 비행기만 타고 내려도 몸이 지친다. 나이 들어 처음으로 유럽여행에 나섰다고 해보자. 외국의 전통요리가 입에 맞을리 없다. 평생 밥만 먹어온 노인이 기름지고 느끼한 서양요리를 한 끼도 아니고 여행하는 내내 맛있게 먹을 수는 없다. 하루하루 억지로 배를 채운다. 이것은 기대했던 여행이 아니라는 생각이 들게 마련이다. 게다가 남자들은 원래 돌아다니는 것을 별로 좋아하지 않는데, 나이가 들면 더하다. 인상을 쓰며 가이드를 따라 관광지를 둘러보는 남편 수발에 아내는 넌더리가 난다. 정년 후에 처음으로 나선 해외여행에서 보여주는 남편의 투정과 심술은 '내가 이런 사람과 평생을 살았던가?' 하는 자괴감만 남긴다. 모처럼의 해외여행에서 남편의 실망스러운 면모를 확연히 깨달은 아내는 거금의 여행경비만 날렸다며 후회하게 된다.

황혼의 부부가 해외여행에서 모두 이렇다는 것은 아니다. 하지만 내가 알고 있는 부부 중에도 이런 식으로 여행을 망치고 돌아온 사람들이 꽤 있다. 여행도 젊고 바쁜 시절에 다녀와야 아름답고 즐거운 추억이 된다. 바쁜 시간을 쪼개어 어렵사리 마련한 휴가이기에 서로에 대한 고마움을 느낀다. 해외여행 도중에 부모님 댁에 맡긴 아이가 아프다거나 생각지도 못한 문제가 발생할 수도 있다. 하지만 이렇게 애를 태우고, 또 한편으로는 즐거웠기 때문에 오래도록 기억에 남는다. 두 사람이 함께 공유하는 추억들이 부부간의 유대감을 더욱 돈독하게 해준다는 것을 잊지 말라.

45

# 나이와 함께
# 시간의 질이 달라진다

시간의 걸음걸이에는 세 가지가 있다. 미래는 주저하면서 다가오고, 현재는 화살처럼 날아가고, 과거는 영원히 정지해 있다.

— F. 실러 F.Siller —

여생이란 시간과의 싸움이기도 하다. 내가 처음으로 '시간'이라는 개념을 인식한 것은 대학에 입학하고 얼마 안 되어서였다. 여름방학을 맞아 고향으로 돌아갔는데 할 일도 없고 지루해서 매일같이 은사인 사토 준타 선생 댁을 찾았다. 그때 선생께서 이렇게 혼잣말처럼 말씀하신 적이 있다.

"시간이라는 것은 알 것 같으면서도 잘 모르겠네."

왠지 모르게 그날 이후 선생의 그 말씀이 머릿속에서 떠나지 않았다. 훗날 독일의 철학자 칸트가 '시간과 공간은 인간이 사물을 의식할 때 이용하는 형식에 불과하다.'고 주장한 글을 읽고 흥미를 느꼈던 것도 선생의 말씀 때문이었다. 칸트는 인간의 감성에는 시간과 공간이라는 선천적으로 타고난 형식이 내재해 있다고 생각했다. 칸트의 철학이 시간의 본질을 제대로 파악하고 있는지에 대해서는 나 역시 잘 모르겠다. 칸트를 기반으로 형성된 독일의 관념론에서도 시간은 여전히 다양한 개념으로 파악되고 있다.

시간이라는 관념을 철학적으로 접근해보는 것도 좋은 방법이지만, 단순하게 어원적으로 접근해보는 방법도 있다. 어원이란 옛날 사람들이 어떤 단어에 관하여 처음으로 정립한 생각이다. 쉽게 말해 단어의 원천이다. 어원은 시간이 지남에 따라 여러 가지 불순물과 지엽적枝葉的때인 배경이 어우러지면서 처음의 뜻이 모호해지는데, 어쨌든 그 시작을 되짚어보면 가장 순수한 의미를 확인해볼 수 있다.

일본어에서는 '시간'이라는 단어의 어원을 '토쿠疾く'에서 찾는다. '토쿠'란 '빨리'라는 의미다. 예로부터 '시간이 순식간에 지나가 버린다.'라는 말을 써왔던 것을 보면, 옛날 사람들도 그렇게 느꼈던 모양이다. '토쿠'라는 어원에는 시간에 대한 인간의 인식이 가장 적나라하게 담겨 있다.

그렇다면 영어는 어떠할까? 유명한 속담 중에 "Time and tide wait for no man."이라는 말이 있다. 'tide'는 '조수간만'을 뜻한다. 직역하면 "시간과 조수간만은 사람을 기다려주지 않는다."라는 문장이 된다. 그런데 이 속담이 등장할 무렵 영어권에서 'tide'는 'time(시간)'과 같은 의미로 사용되었다. 따라서 '조수간만'이라는 표현이 자연스럽게 빠지고 "시간은 사람을 기다려 주지 않는다."로 해석하게 되었다. 또한 "세월은 사람을 기다려 주지 않는다."라고 번역되는 경우도 많다.

'tide'와 'time' 모두 첫음절이 'ti'로 시작된다. 'ti'는 옛 게르만어에서 '끊어진다'라는 뜻으로 사용되었다. 즉, 계속되는 것 같아도 언젠가는 반드시 '끊어진다'라는 옛 사람들의 '시간'에 대한 인식이 어원에 담겨 있는 것이다. 역사적으로 인류는 시간을 하루로 구분하거나 달로 구분했다. 조수간만이라는 식별도 시간을 구분했기에 가능했다.

라틴어에서 '시간'의 어원은 약간 다르다. 라틴어로 시간을 'tempus'라고 한다. 'tempus'에는 '학대'라는 의미도 있다. 여기서 발전된 형용사가 영어의 'temporal'이다. 'temporal'은 '시간적인', '현실적인'이라는 의미로 사용된다. 'tempus'를 어원으로 하는 단어가 또 있다. 바로 'temple'이다. 'temple'은 '사원'을 가리키는 말이다. 그렇다면 왜 사원을 뜻하는 'temple'이 시간을 뜻하는 'tempus'를 어원으로 하는 것일까? 옛날 사람들에게 사원은 가장 넓은 건축물이었다. 라틴문화에서 시간은 사원처럼 넓고

웅장한 의미였음을 유추할 수 있는 대목이다.

같은 시간이라도 영어에서는 시대나 연대를 표현할 때 'era'를 쓴다. 'era'의 어원은 라틴어의 'aera'이며, '동전'이라는 뜻이다. 동전은 셀 수 있다. 즉 시간을 센다는 의미로 시대와 연대의 구분에 'era'라는 단어를 쓴 것이다.

이런 식으로 어원을 더듬어 보면 사람들이 '시간'을 어떻게 생각했는지 알게 된다. 게르만문화에서 시간은 '언젠가는 끊어질' 관념이었고, 라틴문화에서는 '확대성'을 중시했다. 또 'era'처럼 '셀 수 있다'고도 생각했다. 일본에서는 '빠르게 사라져버린다'라고 느꼈다. 시간에 대한 이러한 관념은 특유의 무상無常에서 비롯되었는지도 모르겠다. 세상에서 머무는 시간이 짧고 시간은 매우 빠르게 지나간다는 의미, '문틈으로 말馬이 지나가는 한순간'이라는 것이다. 시간이라는 것은 그렇게 덧없이 흘러가는 것이다.

그렇다면 어원에서 찾은 시간 개념과 칸트의 시간 개념 중 어느 쪽이 더 본질에 가까운 것일까? 철학적인 시간의 개념이 잘못되었다는 뜻은 아니지만 일반인이 이해하기에는 조금 난해하다. 반면에 어원을 더듬는 과정은 보다 인간적이고, 한층 이해가 쉽다. 그렇기는 해도 역시 사토 선생의 말씀처럼 시간이 생각하면 생각할수록 인간의 뇌리에서 멀어지는 것이 특징인 듯싶다.

남은 시간이 충분한 젊은 시절과 달라서 나이가 들수록 시간이 소중해진다. 알렉시스 카렐은《인간, 이 미지의 것》이라는 책에서 시간의 종류가 두 가지라고 가정한다. 첫째는 물리적인 시간이다. 예를 들어 지구자전을 24시간이라고 정하거나, 지구가 태양 주위를 일주하는 데 약 365일이 걸린다는 과학적 사실이다. 예전에는 지구자전을 24시간으로 정하는 평균 태양시가 시간의 단위였는데, 지구자전이 일정치 않고 해마다 늦어진다는 것을 발견하게 되면서 차질이 생겼다. 그래서 최근에는 국제단위의 원자초原子秒를 사용하고 있다. 이것이 물리적 시간이다. 물리적 시간은 일상생활에서 사용되고 있으므로 누구나 알고 있는 시간이다.

카렐은 물리적 시간 외에 또 하나의 시간이 존재한다고 지적한다. 바로 '내면의 시간'이다. 물리적인 시간은 모두에게 똑같이 적용된다. 이것이 세상의 기초다. 우리가 보고 있는 시간과 태평양 건너 미국에서 인지되는 시간의 흐름이 달라서는 곤란하다. 시간의 단위를 평균 태양시에서 보다 정확한 원자초로 바꾼 것도 그 때문이다. 지구상 어디를 가든 동일한 시간이 적용되어야 한다는 기본전제를 지키기 위해서다.

카렐은 시간을 강의 흐름에 비유한다. 강을 따라 사람들이 걷고 있다. 강물은 언제나 같은 속도로 흐르고 있다. 그러나 아침 일찍 일어나 힘차게 강가를 걷다 보면 물살이 더디게 느껴진다. 반대로 저녁나절에 심신이 피곤한 상태에서 바라보는 강물은 무척 빠르게 보인다. 강은 언제나 같은 흐름인데 인간이 강물보다 빠르게 걷고 있을 때는 물살이 느려 보이고, 지쳐서 응시할 때는 빠르게 느껴진다. 그 이유는 무엇일까? 카렌은 바로 '내면의 시간' 때문이라고 말한다.

어린 시절 "몇 밤이나 더 자야 설날이에요?"하고 하루에도 몇 번씩 어른들에게 물어보았다. 아무리 기다려도 설날이 오지 않는 듯했다. 그런데 나이가 들수록 "벌써 정월이야?"하고 깜짝 놀란다. 이런 반응의 차이도 '내면의 시간'이 달라졌기 때문이다.

젊은 날에는 시간이 천천히 흘렀다. 그러다가 나이를 먹고 나니 점점 더 빨리 흘러간다. 노화의 시작은 시간의 흐름이 전보다 빨라졌다고 느껴졌을 때부터다. "스무 살에는 시간이 시속 20킬로미터, 60세에는 시속 60킬로미터로 지나간다"는 말을 한 번쯤 들어보았을 것이다. 물리적인 시간의 흐름에는 변화가 없는데, 시간을 받아들이는 우리의 내면은 젊은 시절과는 모든 게 달라졌다.

'내면의 시간'을 받아들이는 카렌의 방식에 나는 깊은 감명을 받았다. 그리고 수긍하지 않을 수 없었다. 나도 비슷한 생각을 한 적이 있기 때문이다. 50세가 되기 직전인 47, 8세쯤이었을 것이다. 문득 계산해보니 정년퇴직까지 앞으로 20년이나 남아 있다는 것을 알게 되었다. 나는 내심 '아직도 멀었군.' 하며 다소 지루하다고 생각했다. 그때의 나는 아직 젊었고, 시간은 내 안에서 천천히 흐르고 있었기 때문이다. 그런데 막상 눈 깜짝할 사이에 '그 순간'이 다가와 있었다. '내면의 시간'이 20년 전보다 엄청나게 빨라져 있었던 것이다.

나이와 함께 시간의 질이 달라진다. 노년은 이 같은 변화에 당황하게 되고 너무나 빨라서 따라가지 못한다. 결국 무위無爲로 시간을 흘려보내는 경우가 많다. 한 가지 명심해야 할 것은 '내면의 시간' 속에 인생을 살아가는 지혜가 숨겨져 있다는 사실이다.

46

# 늦게 자고 늦게 일어나는 습관을 길러라

시간을 지배할 줄 아는 사람이 인생을 지배할 줄 아는 사람이다.

— 에센 바흐 Essen Bagh —

일본 속담 중에 '일찍 일어나기만 해도 서푼이 생긴다.'라는 말이 있다. 영어권에는 '아침 일찍 일어나는 새가 벌레를 잡는다.'라는 속담이 있다. 아침 일찍 일어나면 득이 되니 무조건 일찍 일어나라는 것이다. 그런 점에서 보면 아침형 인간이 대우받는 문화는 동서양 모두 똑같은 듯하다.

사자키 쿠니佐佐木邦의 소설 중에 《아침 일찍 일어나는 사람들》이라는 작품이 있다. 신경쇠약에 걸린 1900년대 초반의 샐러리 맨의 이야기다. 주인공은 아침 일찍 잠에서 깨어 산책에 나선다. 그리고 그 시간에 산책하는 사람들과 마주치게 되는데, 하나같이 조금 이상해 보이는 사람들이다. 그들은 평범함에서 벗어나 약간 독특하다. 1940년대까지만 해도 아침 일찍 일어나 산책하는 사람들은 특이한 사람이라는 취급을 받았다. 당시에는 이른 아침에 산책 같은 것은 생각할 여유조차 없었다. 먹고살기 바쁜 시절에 한가롭게 동네를 돌아다니는 사람이 있다면 이상한 눈으로 쳐다볼 수밖에 없지 않겠는가. 작가는 그 같은 시대상에 착안하여 멋진 소설을 한 편 만들어 낸 것이다.

그러나 시대가 변했다. 집 앞에 있는 공원만 하더라도 이른 아침에 산책하거나 운동하는 사람들로 북적인다. 특히 노인들의 모습이 많이 보이는데, 여름이면 새벽 4시부터 무리지어 나타난다. 아침 산책은 이제 '괴짜'에서 '노인'의 몫으로 바뀌었나 보다. 직장에 나갈 필요가 없는 연금생활자들은 약속이나 한 듯 모두 걷는다. 아침 일찍 눈이 떠지지만 할 일이 없다. 그래서 건강을 위해 집을 나선다.

하지만 나는 굳이 아침 일찍 일어나야 할 이유는 없다고 생각한다. 나도 젊었을 때는 아침 일찍 일어나려고 무척이나 노력했다. "청년이여, 눈이 떠지면 망설이지 말고 일어나라."고 외쳤던 무솔리니의 말이 멋지다고 생각했기 때문이다. 고대 로마의 어느 위인이 "어차피 죽은 후에는 얼마든지 잘 수 있다. 살아있을 때 아침 일찍 일어나 움직여라."고 말한 것도 채찍질이 되었다. 그래서 아침에 눈이 잠깐이라도 떠지면 벌떡 일어나려고 노력했다. 하지만 나이가 들고 보니 잠에서 깨어나는 시간을 엄수하기보다는 그날의 컨디션에 맞추는 편이 더 상쾌했다. 잠에서 깨어 잠시 멍했을 때 조금 더 눈을 감고 자보았다. 그랬더니 억지로 새벽에 눈을 떴을 때보다 머리가 가벼웠다. 자리에서 일어날 때도 개운해서 맑은 기분으로 하루를 시작할 수 있었다. 나는 조금 늦게 일어나는 편이다. 새벽 두세 시에 취침하니 늦게 일어나는 것이 당연하다. 속담에서는 아침 일찍 일어나는 사람들을 칭송하고 있지만, 늦잠을 잔다고 해서 인생이 잘못되는 것은 아니다.

아침형과 저녁형은 일종의 개성이다. 일찍 일어나서 서푼을 벌 수 있는 사람도 있고, 일찍 일어나도 한 푼 못 버는 사람이 있다. 정년퇴직한 후 시골로 내려가 밭이라도 일굴 작정이 아니고, 앞으로도 도시를 떠날 예정이 없는 사람이라면 일찍 일어날 필요가 없다. 심심해서 아침 산책에 나설 정도라면 이불을 덮고 누워 머리가 맑아질 때까지 기다리며 지적 생활을 위한 컨디션 조절에 신경 쓰는 편이 더 낫다. 현역시절을 떠올려보자. 일이 많아 눈코 뜰 새 없이 바쁜 날이 계속될 때는 실컷 늦잠을 자보는 게 소원이었다. 다시 말해 늦잠을 자고 싶다는 욕망은 아직도 무언가에 집중하며 정신적인 스트레스를 받고 있다는 증거인 것이다.

은퇴 후의 삶에서는 늦잠의 유혹에 시달릴 만큼 무언가에 집중하는 것이 매우 중요하다. 은퇴 후에도 하고 싶은 일이 많은 사람은 늦게까지 잠을 잔다. 반대로 은퇴 후에 할 일이 없는 사람은 아침 일찍 일어나 밖을 돌아다니며 하루에 주어진 시간이 줄어들기를 바란다. 그렇다고 해가 중천에 뜰 때까지 자라는 것은 아니다. 중요한 것은 신체리듬에 맞춰 생리적인 시간을 유용하게 활용하는 것이다. 아침에 움직여야 한다는 강박에서 벗어나 자연스럽게 자신의 몸의 리듬에 따르면 된다. 그것은 여생을 즐기는 사람들의 특권이기도 하다.

47

# 인생,
# 깨우침을 향해 걷는 여정

지혜란 우리가 얼마나 알고 있는 것이 없는지를 깨닫는 것이다.

— 오스카 와일드 Oscar Wilde —

"벚꽃이여, 마구 흩날려라. 피하지 못할 노인의 길에 서지 말라."

여기에 나오는 '노인의 길'은 인생의 후반부를 뜻한다. 노인의 길이 끝나는 곳에는 죽음이 있을 것이다. 길 끝에서 만나게 될 죽음에 대해 두려워하고 있는 인간의 모습이 시 속에 비친다.

흔히 인생을 '길'에 비유하곤 한다. 길을 뜻하는 '도道'라는 글자는 고대 중국의 상형문자에서 파생된 문자다. '도道'라는 한자를 풀어 보면 '고개를 들고 앞으로 나아간다.'라는 의미가 담겨 있다. 그것이 변화되어 '길'이라는 의미에까지 이른 것이다. 아마도 이런 숨은 뜻들이 모여 마침내 '인생 전반', 즉 죽음에 이르기까지 삶이 형성되어온 모든 과정을 '길'에 비유하게 되었는지도 모른다.

자신에게 주어진 '길'을 추구하는 사람들을 우리는 전문가라고 부른다. 전문가란 오직 한 길만 걸어온 사람이라는 뜻이다. 여기에도 '도道'라는 글자의 본래 의미인 '고개를 들고 앞으로 나아가는' 모습이 담겨 있다. 곁눈질하지 않고 자신의 분야에서 최선을 다하는 모습이 연상되지 않는가. 어떤 분야에서 전문성이 뛰어난 사람, 한 가지 기술이지만 그 기술만큼은 누구보다 뛰어난 사람을 일컬어 '도인道人'이라고 부르게 된 것 역시 같은 맥락에서 이해할 수 있다.

'다도茶道'라는 말이 있다. 차 한 잔을 제대로 끓이려고 평생을 바치는 사람들이 걷는 길이다. 꽃을 키우고 장식하는 일에서 승화된 정신을 보여주는 사람들을 '화도가花道家'라고 부른다. 향香에 미쳐 후각이라는 인간의 기본감각을 통해 인간 전반에 대한 이해에 통달하게 되면 '향도香道'가 된다.

우리는 한 가지 일에 몰두하여 그 일을 궁극적인 대상으로 삼고, 마침내 대상을 초월하는 경우를 가리켜 흔히 '도를 추구한다'라고 말한다. 이는 동양사회의 근간을 이루는 핵심 개념이다. '도'라는 것은 단순한 물리적 형태에 인간의 정신성을 부여하는 것이다. 맹목적인 집착에서 궁극의 인간성을 끄집어낸 작업이니, 평생을 매진해야 할 삶의 향방인 셈이다.

'유도柔道'에도 이 '도道'자를 쓴다. 유도의 창시자 가노 지고로嘉納治五郎는 여러 유파로 나뉘었던 유술柔術을 이론화하여 유도라는 새로운 체계로 정리했다. 그런데 실제로 싸워 보면 유도보다 유술이 훨씬 강하다고 한다. 유도는 관절기의 과도한 사용을 지양하는 데 반해, 유술은 관절기를 매우 중시하기 때문이다. 실제로 격투에서 관절기는 상대를 쓰러뜨릴 수 있는 중요한 기술이다. 유도기술로 수없이 내던지고 넘어뜨려도 상대는 또다시 일어나 덤벼든다. 업어치기로 상대를 완벽하게 제압하려면 몇 번이고 같은 기술을 반복해야 한다. 상대방의 맷집과 체력이 좋다면 기나긴 싸움이 될 것이다. 반면에 유술은 관절기가 제대로 들어가면 손쉽게 상대를 제압할 수 있다. 상대가 포기하지 않고 저항한다면 팔을 부러뜨린다. 그렇기 때문에 단순히 승부만 겨루는 게 목적인 싸움에서 유도는 유술을 이기지 못한다.

하지만 가노 지고로의 생각은 달랐다. 그는 '유술'의 '유柔'에서 '길道'을 찾은 것이다. 그가 생각하는 '길'은 승부를 초월한 곳에 있었다. 그래서 위험한 관절기를 배제하고 정신단련을 최고의 목표로 삼았다.

'승패보다 도를 다한다.'

이것이 그가 생각한 유도의 본질이었다.

무사에게도 '도'가 있다. 요시카와 에이지의 《미야모토 무사시》는 전통적인 무사도武士道가 무엇인지를 보여주는 대표적인 소설이다. 무사시에게는 사랑하는 여인 오츠가 있었고, 마음만 먹으면 언제든 관직에 올라 부귀영화를 누릴 수 있는 기회가 있었다. 그러나 무사시는 사랑하는 여인 곁에 머물지도 않았고, 관직도 바라지 않았다. 그는 오직 검도劍道를 삶의 이상으로 추구하며 검의 길에 혼을 바쳤다. 이러한 무사의 모습에 사람들은 감동하는 것이다.

우리가 '도'를 추구하는 까닭은 무엇인가? 우리가 걷고 있는 길 앞에 나의 인간성을 한 차원 높은 수준으로 승화시켜주는 무언가가 있다고 믿기 때문이 아닐까? 이른바 '깨우침', 그것을 향해 가는 길이 어쩌면 우리의 인생이 아닐까 싶다.

48

# 일상 속에서 자신의 도道를 발견하라

평생 배움에 헌신하라. 당신의 정신과 당신이 거기에 집어넣는 것, 그것이 당신이 가질 수 있는 최상의 자산이다.

— 브라이언 트레이시 Brian Tracy —

《활쏘기의 선禪》의 저자로 유명한 독일의 철학자 오이겐 헤리겔Eugen Herrigel은 도호쿠 대학 철학교수로 임명되며 처음 일본에 왔다. 그는 대학에서 학생들을 가르치는 한편 전통 궁술을 배웠다. 헤리겔을 가르친 궁술사범은 "과녁에 화살을 맞히려고 의식할수록 화살은 과녁을 빗나간다."고 충고했다. 화살을 쏘아서 날아가게 하는 것이 아니라 화살이 날아가서 과녁에 꽂혀야 된다고 가르친 것인데, 헤리겔 입장에서는 도무지 이해가 안 되는 가르침이었다.

어느날 밤, 사범은 헤리겔을 캄캄한 도장으로 불러냈다. 거기에는 촛불이 하나 켜져 있었다. 사범은 과녁과 자신의 중간에 촛불을 놓아두고는 직접 화살을 쏘았다. 멀리 떨어져 있는 과녁은 형태조차 잘 보이지 않았다. 하지만 사범이 쏜 화살은 모두 과녁 한가운데에 명중했다. 지켜보던 헤리겔은 그저 놀라 어리둥절해 있을 뿐이었다.

"이것이 활을 쏜다는 말의 참뜻이다. 활을 놓으면 살은 자연히 날아간다. 내가 쏘는 게 아니라 화살이 날아가서 맞아야 한다."

그 순간 헤리겔은 번쩍하는 깨달음을 얻었다. 그리고 이후 궁도에 더 깊이 빠져 책을 출판했는데, 이 책이 독일에서 커다란 반향을 일으킨 《활쏘기의 선》이다.

활쏘기에도 '도'가 있다. 헤리겔의 사범은 궁술을 연마한 전문가였지만, 그가 추구한 궁술은 이미 '궁도'의 경지에 이르렀던 것이다. 사범은 헤리겔 또한 활쏘기를 '길'로 여기고 매진해주기를 바랐던 것 같다. 눈에 보이는 과녁에 화살을 꽂으려고 활시위를 당기는 게 궁술의 본래적 목표라면 '궁도'에서는 활시위를 당기는 바로 그때 자아를 초월하는 무념의 세계를 추구한다. 동양 철학에 익숙하지 않은 독일인 헤리겔은 뒤늦게 이를 깨달았고, 활쏘기에서만이 아니라 모든 생활에서 정신을 추구하는 삶을 살게 되었다.

현재도 많은 사람들이 물리적인 기술의 영역에서 정신적인

'길'을 추구하고 있다. 목수는 끌로 나무를 다듬는 직업이다. 기술자라면 그것으로 충분하다. 하지만 끌로 나무를 다듬는 이 단순한 작업에 혼신을 바치고, 기량을 연마하고, 삶의 이상을 찾는다면 마침내 선禪의 수행과 다름없는 깨달음의 경지에 도달하게 된다. 그렇게 살아온 사람은 늙어도 얼굴이 아름답다. 간혹 텔레비전을 통해 소개되는 장인들의 표정에는 남다른 점이 있지 않은가. 그들은 기계를 다루는 손놀림에서도 기량 이상의 '정신적인 삶'을 추구한다. 다시 말해 어떤 기술을 연마하는 과정에서 자신의 모든 가치관과 혼을 쏟아 붓는다면 개인의 인격과 인간성이 한 차원 높은 수준으로 향상될 수 있다고 믿는 것이다. 쉬운 이야기는 아니다. 누구나 그렇다는 것도 아니다. 솔직히 말하자면, 그런 변화나 발전이 체감되는 것도 아니다. 그러나 시간이 지나면 지날수록, 마음을 다하면 다할수록, 나도 모르는 사이에 '인생의 길'이 눈앞에 모습을 드러낸다. 그리고 이 길에서 더없는 충족과 행복을 맛보게 된다.

그러나 그런 정신적인 고양高揚이 장인들만의 몫인 것은 아니다. 어느 분야의 장인에 이르지 못한 평범한 우리들도 일상에서 '도'를 추구할 수 있다. 배움에 힘쓰며 일상의 매순간마다 선禪을 수행하듯 행동을 정리하고 말을 아끼는 것이 그 방법이다. 눈에 보이는 현상이나 기교보다 그 안에 숨은 의미에 집중하며 깨달음을 구하다 보면 우리의 사소한 일상에서도 '도'를 찾을 수 있을 것이다. 지적 여생이 추구하는 길도 바로 그러한 길이다.

49

# 자신만의 꿈으로 여생을 채워라

우리를 다른 사람들과 구분해주는 것은
우리의 꿈과 그것을 실현하기 위해 하는 일들이다.

— 조셉 엡스타인 Joseph Epstein —

'꿈'은 젊음의 특권이라고들 한다. 그러나 요즘에는 그 말에 동의하기가 어렵다. 치열한 경쟁과 각박한 현실에 치여 젊은 세대들은 어느새 꿈을 잊어가고 있다. 나와 같은 전후세대가 현실보다 이상을 중시할 수 있었던 것은 그만큼 사회적인 여유가 뒷받침되었기에 가능했다. 만만치 않은 현실의 무게에 눌려 젊은 시절에조차 꿈을 꾸지 못하는 세대를 보면 참으로 안타까운 마음이 들지 않을 수 없다.

그런가 하면 과거와 달리 이제 정년을 앞에 둔 은퇴세대들이 꿈을 꾸고 있다. 여생이 길어지면서 정년 후의 새로운 생활에 대한 꿈들을 꾸기 시작한 것이다. 하지만 그 속내를 들여다보면 그들의 '꿈'이라는 것은 대부분 현실적인 소망들이다. '해외에서 살고 싶다.'거나 '크루즈 여행을 하며 세계를 돌아다니고 싶다.' 같은 구체적인 희망사항일 뿐이다. 인생은 희망사항으로 채워지는 것이 아니다. 인생을 관통하는 '꿈'이 있어야 한다. 그렇기 때문에 먼저 '꿈'의 본질을 탐구할 필요가 있다. '꿈'이 무엇인지를 모르고 살다간 그야말로 허무한 맛만 보게 되기 때문이다.

'꿈'이란 무엇일까. 《장자》를 보면 '장주莊周, 꿈에 나비가 되었다.'라는 구절이 나온다. '나비의 꿈'으로 불리며 예로부터 사람들 입에 오르내린 내용이다. 장자라는 사람은 맹자와 동시대 인물로 전국시대 사상가였다. 그는 '자연 그 자체로 사는 인생'을 주창하며 수많은 명언을 남겼다. 조삼모사朝三暮四, 와우각상지쟁(蝸牛角上之爭: 달팽이 더듬이 위에서 싸운다는 뜻)은 모두 《장자》에 나오는 말이다. 또 '우물 안 개구리'라는 유명한 말도 《장자》의 내용이 시초다.

언젠가 장자는 꿈에 나비가 되었다. 하늘하늘 자유롭게 날아다니며 자기가 원래 사람임을 까맣게 잊어버렸다. 그러다가 꿈에서 깨어 원래의 자신으로 돌아오자 이번에는 꿈에 나비가 되었던 것을 잊어버렸다. 나중에야 생각이 난 장자는 자신이 나비가 되는 꿈을 꾼 것인지, 아니면 지금 이 모습이 나비가 꾸는 꿈인지 구별할 수 없게 되었다고 한다. 꿈이 현실인지, 아니면 현실이 꿈인지 알 수 없게 되었다는 이야기다.

영어로 꿈을 나타내는 'dream'의 어원은 '거짓말', '속이다'라는 의미를 지니고 있다. 결국 '거짓말'에서 파생된 단어가 '꿈'인 것이다. 더 흥미로운 설도 있다. 고古영어에서 'dream'은 '야단법석'이라는 의미로 사용되었다고 한다.

그 옛날 게르만 전사들은 전쟁에서 승리하면 우두머리가 술자리를 거나하게 베풀어 주었다. 전사들의 잔칫날이니 그 소란함이 대단했을 것이다. 술에 취해 노래를 부르고 춤을 추면서 왁자지껄 놀았을 게 틀림없다. 유랑민족이던 게르만인들에게 하룻밤 잔치는 살면서 누릴 수 있는 최고의 즐거움이었기에 다음 날 아침이면 어젯밤 소동이 꿈처럼 느껴졌을지도 모른다. 그때부터 '꿈'을 'dream'으로 부르게 되었다는 설이다. 독일 유학시절 나를 지도했던 은사의 논문에 나온 주장이다.

요즘에는 술접대 문제로 사회를 시끄럽게 만드는 사건들이 심심치 않게 일어난다. 회삿돈이나 세금을 횡령해서 멋대로 사용하다가 나중에 들켜서 곤욕을 치르는 이들도 많다. 나는 이 또한 일종의 '꿈'이라고 본다. 화려하고 사치스럽게 즐길 때야 부러울 것이 없겠지만, 결국은 허울 좋은 물거품이 아닌가. '꿈은 환상'이라는 말이 있듯, 하룻밤 소란스러운 술자리도 결국은 'dream'이며,

지나가고 나면 환상에 불과하다.

한때 잘나갔던 시절을 떠올리며 꿈속을 헤매듯 여생을 위로하는 노년들이 있다. '왕년에 내가'로 시작되는 그들의 무용담이 내게는 쓸쓸한 넋두리로 들린다. 간밤의 달콤했던 꿈에서 깬 뒤 그 꿈을 더듬는 사람들처럼 안쓰럽기만 하다. 그렇게 허탈한 꿈을 꾸기보다는 차라리 좀 더 로맨틱한 꿈을 그려보는 게 낫겠다. 옛 시에 다음과 같은 구절이 있다.

"그리워하며 누웠기에 그분이 꿈에 나타나신 걸까. 꿈인 줄 알았더라면 눈 뜨지 않았을 것을."

"선잠 든 베갯머리에서 그리운 이를 만난 후로는 덧없는 꿈마저 꾸지 않게 되었구나."

한결 애틋하지 않은가? 꿈을 꾸기 위해 젊음이 필요한 것은 아니다. 다양한 인생경험과 더불어 꾸준히 지적 수련을 쌓은 사람은 여생을 보내면서도 꿈꿀 수 있다. 애독하는 고전의 인물과 꿈에 만나 삶에 대해 토론하게 될지도 모른다. 고백하자면, 이것은 내 꿈이기도 하다. 나는 내가 좋아하는 책을 쓴 저자들과 매일 밤 꿈속에서 만났으면 좋겠다는 바람을 갖고 있다. 그런 꿈을 꾸며 나는 또 하루하루를 책 속에 빠져 지낸다. 물욕物慾으로 가득한 꿈들은 깨고 나면 헛되고 씁쓸하다. 그보다는 오히려 이런 꿈이 여생을 풍요롭게 만들어준다. 온갖 무거움과 온갖 가벼움에서 벗어나 담담하게 자신만의 꿈을 꾸기 좋은 시간, 그때가 바로 은퇴 후의 여생이다.

50

# 죽는 그날까지 지적으로 살고 싶다

위대한 인물들의 전기를 읽으며 나는 그들이 쟁취한 첫 번째 승리가
자기 자신을 대상으로 한 것이었음을 발견했다.
그들 모두는 무엇보다도 자기수양 과정을 이겨냈다.

— 해리 S. 트루먼 Harry S. Truman —

공자는 '나이가 들수록 꿈의 질이 달라진다.'며 만년晩年을 한탄했다. 노년에 접어든 이들이 새롭게 꾸는 꿈 가운데는 죽음에 대한 것도 있을 것이다. 사람은 누구나 언젠가 죽는다는 것을 안다. 그렇기 때문에 나이가 들면 이상적인 죽음을 꿈꾸게 된다. 이상적인 죽음의 모습은 개인에 따라 천차만별일 것이다. 중국의 혁명가 쑨원을 적극 지원했던 미야자키 도텐宮崎滔天은 어머니로부터 이런 가르침을 받았다.

"남자는 이불 위에서 죽어서는 안 된다."

무사 가문에서는 전쟁에 참전하는 아들을 앉혀놓고 이렇게 가르쳤다. 하지만 지금같이 평화로운 시대에 그런 꿈을 꾸는 이는 드물 것이다. 그렇다면 평화로운 세상의 시민인 내가 이상적인 죽음으로 동경할 수 있는 인물은 누구일까? 나는 스위스의 철학자 칼 힐티Carl Hilty를 꼽겠다.

그는 76세의 어느 날 여느 때처럼 아침에 원고를 쓰고, 주네브 호반의 작은 오솔길을 딸과 함께 산책했다. 지금으로 따져보면 100세는 족히 되었음직한 나이다. 10월 중순. 스위스의 가을하늘은 맑고 시원했다. 산책을 마치고 숙소로 돌아온 힐티는 평소보다 조금 더 피로함을 느꼈다. 그래서 딸에게 따뜻한 우유가 마시고 싶다고 말했다. 딸 에디트가 우유를 데워 거실로 가져왔을 때 힐티는 소파에 누워 숨져 있었다. 마치 단잠을 자는 모습으로 숨을 거둔 것이다. 책상 위에는 《평화론》의 원고가 깔끔하게 정리되어 있었다. 그는 평소에 자주 이런 말을 했다.

"인생의 마지막 숨을 내쉴 때까지 정신적으로 활발하게 활동하고, 신의 완전한 도구로서 작업을 하다 죽는 것이 질서 있는 노년의 생활방식이며, 인생의 이상적인 종결이다."

그는 자신의 꿈처럼 이상적인 죽음을 맞이했다. 나도 그처럼 마지막을 맞고 싶다. 힐티의 만년을 동경하는 내가 항상 마음속으로 떠올리는 이미지가 있다. 서적애호가들의 모임에서 본 그림이다. 독일인이었는지 네덜란드인이었는지 정확히 기억나지 않지만, 한 장서가가 가져온 것이었다. 그림은 책상 앞에 해골이 앉아 책을 읽고 있는 모습을 담고 있었다. 아내는 끔찍하다며 진저리를 쳤지만 나는 속으로 '정말 멋진데!' 하고 감탄했다.

아내라도 좋고 딸이라도 좋다. 가족 중 누군가가 식사하라고 내 서재의 문을 노크하고 방에 들어왔을 때 내가 책을 펴놓은 채 잠든 듯 숨을 거두었으면 좋겠다. 이것이 나의 숙원宿願이다. 내가 그동안 추구해온 삶을 돌이켜볼 때 가장 이상적인 죽음이라고 생각한다. 평생 책을 사랑해온 사람이니 책을 끌어안고 죽는 것도 좋지 아니한가.

시대와 개인에 따라 이상적인 죽음은 얼마든지 달라질 수 있다. 그러나 아마도 그 모습은 한 사람이 살아온 평생의 모습과 닮아 있을 것이다. 꿈에 그리는 이상적인 죽음을 위해 오늘 하루도 신중하게 채워야 할 이유가 바로 여기에 있다.

옮긴이의 글

# 지知의 열정에는 나이가 없다

2011년 5월을 기준으로 한국인의 평균수명은 남녀 합산해서 79세를 돌파했다. 여자가 남자보다 조금 더 장수한다는 일반적인 등식을 대입해본다면 한국 여성의 평균수명은 80세 이상이다. 세계 1위의 장수국가인 모나코가 89.7세로 90세를 앞두고 있으며, 대표적인 장수국가인 이웃 일본의 평균수명은 우리보다 3년이 긴 82.3세이다.

안타깝게도 오늘날 장수는 '고령화'라는 달갑지 않은 사회문제로 대두되면서 현대인의 심적 부담을 증가시키는 스트레스의 원인이 되고 있다. 그럴 만도 한 것이 2009년에 발간된 〈OECD(경제협력개발기구) 건강 데이터〉를 살펴보면 한국은 OECD 국가들의 평균수명보다 오래 사는 고령화 국가인 동시에 정년퇴직은 평균

60세 안팎으로 비교 국가들보다 빠른 편이다. 다시 말해 비슷한 경제규모의 다른 나라들에 비해 퇴직 후의 여생이 상대적으로 길다는 뜻이다.

그나마 안정적인 공무원의 퇴직시기가 평균 58세라고 한다. 현재 40대 초반으로 20년 후인 2030년경 은퇴하는 직장인의 예상수명을 85세라고 가정했을 때 퇴직 후 최소 25년이라는 긴 시간이 기다리고 있다는 계산이 나온다.

25년이면 사반세기에 해당한다. 신생아에서 대학을 졸업한 후 사회초년병으로 기업에 입사원서를 쓰게 되기까지의 시간이다. 여생 25년을 목전에 둔 시점에서 여생을 단지 안락한 노후로, 일에 지치고 육아에 지친 세월의 보상으로 만끽하겠다는 것은 인생의 3분의 1을 헛되이 낭비하는 선택이다. 갓난아기가 번듯한 사회의 일꾼으로 성장하는 25년이라는 시간은 제2의 인생으로서 새롭게 도전할 만한 기회라고 할 수 있다.

은퇴를 앞둔 장년세대의 가장 현실적인 꿈은 귀촌이다. 경치 좋고 인심 좋은 도시 외곽에 땅을 구입해서 내 손으로 집을 건축하고, 텃밭에는 무농약 유기농 채소를 기르며 건강한 노후를 보내는 것이다. 하지만 현실은 그리 녹록하지 않다. 상당수 은퇴세대들이 부푼 꿈을 안고 귀촌을 선택했다가 무기력하고 단조로운 생활에 질려 도시로 되돌아오는 경우가 많기 때문이다. 산업화를 몸소 체험한 농촌의 변해버린 인간관계에 큰 상처를 받았다고 토로하는 분들도 많다.

왜 이런 일들이 벌어지는 것일까? 머리보다 몸을 더 중시했기 때문은 아닐까? 몸은 늙어도 머리는 쇠하지 않는다고 한다. 이는 의학적으로도 증명된 결론이다. 인간의 뇌는 늙음을 거부하는 유일한 장기라는 것이다. 알츠하이머나 파킨슨 같은 노인성 질환은 뇌 그 자체에서 파생된 질환이라기보다는 혈관과 주요 세포의 변형에서 비롯된 병이다. 인간의 뇌는 120세에도 스무 살 청춘에 못잖은 활력과 자극을 원한다.

저자인 와타나베 쇼이치는 그러한 노년의 삶을 우리에게 증명했다. 1930년생인 저자는 노년에도 일본에서 가장 왕성하게 활동하는 영문학자이자 사회평론가로 활약했다. 그런 저자가 우리에게 지적인 여생의 필요성을 강조했던 것은 어찌보면 당연한 이야기인지도 모른다. 독자 여러분의 육체적 장수와 더불어 지적인 장수도 기원하면서 이 책을 권한다.

김 욱